男の子の“やる気”を引き出す

魔法のスイッチ

中井俊已
Toshimi Nakai

学陽

Introduction——親がハッピーなら子どももハッピー

子育てで親も成長し幸せになれる

子育てというのは、すばらしい仕事です。

子育てには、二つの目的があると私は考えています。

一つ目は、子どもが成長しながら自立し、幸せになること。

人間がこの世に生まれてくるのは、幸せになるためです。

子どもが生まれてきたのは、まず親であるあなたに育てられ、幸せになるためです。

ただし、親がいなくても、自分のことは自分でできる、他の人と心を通わせていける、困難があってもたくましく道を切り拓いていけるような人間になってほしいものですね。

このような自立した一人の人間を育てることは、カンタンなことではありません。

むずかしく、でもたいへん価値ある仕事なのです。

そうです。人間を生み、愛し育てる仕事は、なんと価値あることなのでしょう。

日常生活の中で、子育ては地味で目立たず、いろいろと気苦労が多いことではありますが、なんてすばらしい仕事なのでしょう。

子どもが生まれたとき、あなたはそんな仕事を神様から任されたのです。

さて、もう一つの目的は、親（教育者）の側にあると私は考えています。

つまり、**二つ目は、親（教育者）が子育て（教育）という仕事を通して成長し幸せになること。**

私たちは人間として幸せになるためにこの世に生まれてきました。

そして、子どもを育てるというすばらしい仕事を通して、人間的に成長し、より幸せな人生を歩んでいくことのできる機会をあたえられているのです。

この二つの目的は、表裏一体のようなところがあります。

子育てを通して親が成長すれば、子どももより成長するからです。

たとえば、この本を読んで何かのヒントに取り組む人は、きっと自分の親としての成長を感じるようになるはずです。

そしてそれは、きっと子どもにもよい影響をあたえます。

またふつう、子どもが喜んでいれば、親もうれしいものですね。

同じように、親が笑顔であれば、子どもも笑顔でハッピーになります。

逆に親が不機嫌であれば、子どもは不安定で満たされない心の状態になります。

「子は親の鏡」とはよく言ったもので、子どもの内面は親に似てくるのです。

親がちょっと変わるだけで子どもはみるみる変わる

子育てはすばらしい仕事ですが、やはり疲れますよね。

とくに男の子をもつお母さんは、子育てに疲れている人が多いようです。

「男の子って、言うことを聞かない、もう、たいへん」という声をよく耳にします。

私が知っているあるお母さんは、怒らない子育てがよいとわかっているものの、ついつい現実のわが子にイライラして叱りつけ、毎日ストレスがたまり気味でした。

子どものかわいい寝顔を見ながら「明日から、いいお母さんになるからね」と決心しつつも、翌日になるとまたガミガミ言ってしまう。

日々その繰り返しで、そんな自分が嫌になり、すごく悩んでいたそうです。

けれど、そのお母さんもあるときから、子育てに対する考え方をちょっとポジティブに変えただけで、次第に子育てが楽しくなってきたのです。

ちょっと意識を変え、考え方を変えるだけで、子育てはラクになり、楽しくなります。

そして、お母さんがそんなふうにちょっと変われば、男の子は変わってきます。

プレッシャーなしに親の言うことが聞けるようになり、自主性が育っていきます。

男の子には男の子にあった子育てが効果的

私は私立小中一貫の男子校で教えていた23年間、どうすれば男の子を伸ばすことができるか、仲間とともに、日々、悩みながら、いろいろなことを実践してきました。

そうして、先輩・同僚の教師や親御さんたち、子どもたちから、じつに多くのことを教えていただきました。

それを一言でまとめると、**男の子を伸ばすには男の子にふさわしいやり方があるということです。**

もちろん個人差はありますが、一般に男の子と女の子は興味・関心、成長のスピード、能力の得意分野、行動や学習態度、脳のはたらきなど、あらゆる違いがあります。

ですから、しつけ、生活習慣、学習習慣など、目標とすることは同じであっても、男の子と女の子では、まず同じようにはいきません。

その子にあったやり方であることはもちろんのこと、男の子にあったやり方でアプローチしたほうがより効果的なのです。

この本では、私がこれまで多くの方から教えていただいた、また、実際に実践して大きな成果が得られた**男の子の育て方の基礎となる考え方や、やる気を引き出す魔法のようなスイッチをハッピーヒントとして、つぎのように5章に分けて紹介していきます。**

第1章　親の意識がほんの少し変わるだけで男の子はぐんぐん伸びる
第2章　男の子のやる気やチャレンジ精神を伸ばす
第3章　男の子のコミュニケーション力を伸ばす
第4章　将来の力になる基礎的学力を伸ばす
第5章　男の子のたくましさとやさしさを伸ばす

家庭でできるたいせつなことは、親が勉強そのものを教えるというより、将来、子どもが自分自身で人生を切り拓き、幸せになるためのしつけや生活習慣づくりです。

やろうと思えば、いますぐにでもできることばかりです。
でも、早く早くと急ぐ必要はありません。
また、すべてを実践する必要もありません。
お子さんにとってこれはいいなと思うものを一つずつ、親子で楽しみながら取り組んでいただければと思います。

急がずに、少しずつ、笑顔で、スイッチオン！

子育てを楽しみ、親子ともども幸せな毎日を送っていただければと願っています。

CONTENTS

第2章

男の子のやる気やチャレンジ精神を伸ばす

第3章

男の子のコミュニケーション力を伸ばす

第4章　将来の力になる基礎的学力を伸ばす

第5章

男の子のたくましさとやさしさを伸ばす

第 1 章

親の意識がほんの少し変わるだけで男の子はぐんぐん伸びる

男の子のしつけって、
どうしたらいいの？

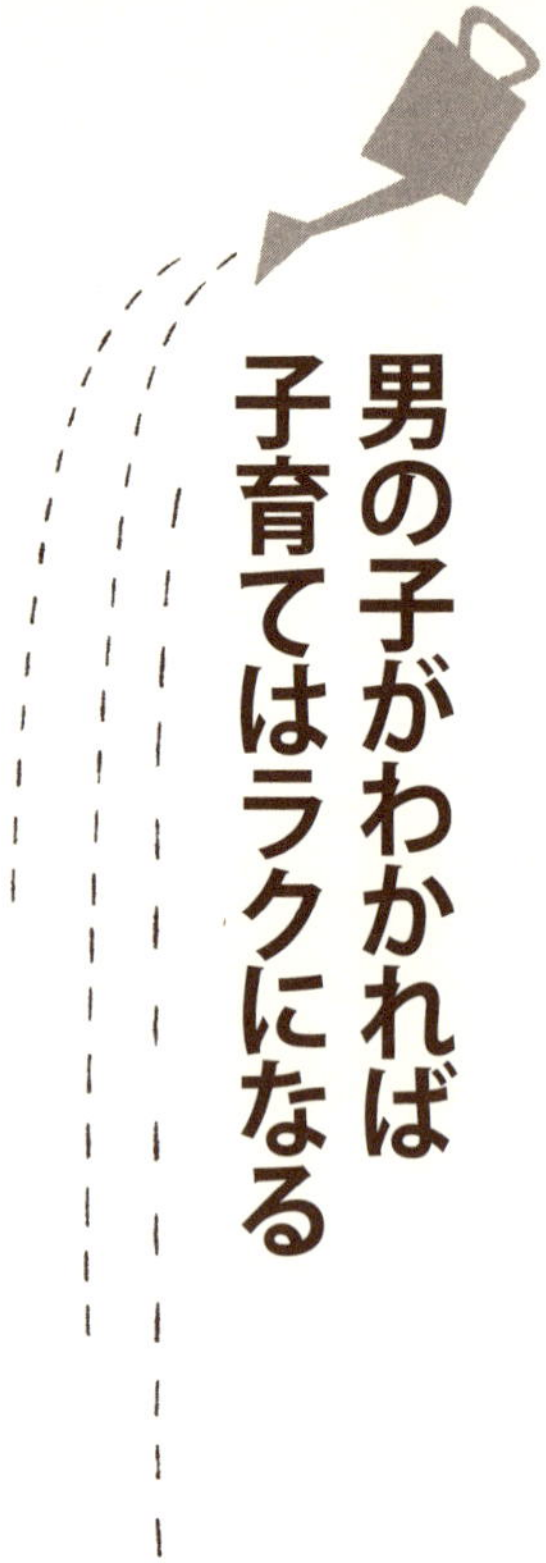

男の子がわかれば子育てはラクになる

男の子って宇宙人？

男の子って不思議な存在ですね。とくに、母親にとってはそうでしょう。

わが子でありながら、自分とは違うところがいくつもあります。

たとえば、遊んで服が汚れても気にしない。その汚れた服をずっと着ていても気にしない。脱いだらそこらにほうりっぱなし。雨が降っても傘をささない。水たまりの中に平気で入っていく。危ないのに高いところに登りたがる……。

女性であるお母さんにとっては、ちょっと受け入れがたいことですよね。

「ちょっと、何やってるの？」「どうしてこんなことばかりするの!?」と言いたくもなります。

「もう、ちゃんとしなさい！」と叱られると、男の子は、そのときは親の言うとおりにするかもしれません。

でも、ほとんどの場合、またしばらくすると同じことをするでしょう。

わかっていてもそうしてしまうのです。それが男の子です。

「なんでやらないの？」

「なんでちゃんとできないの？」

これまで何度言われてきたことでしょう。

でも、男の子に「なんで」と聞いてもあまり意味がありません。

別に深い考えがあるわけではなく、本人もうまく説明できないでしょう。

ふざけているわけでもなく、ましてや親を困らせようとしているのでもなく、言ってみればやる気になれないからです。

女の子なら、「ちゃんとしないと恥ずかしいから」とか「やらないと怒られるから」と意識します。でも、男の子はそこまで気がまわりません。

それに、怒られるとわかっていても、やりたくないものはやらないですませたいというのが平均的な男の子です。

そこが、女性であるお母さんには理解しづらいところでしょう。

「お母さんの言うとおりにしなきゃな」と思っても、お母さんとは意識が違います。言ってみれば、ちょっと「めんどくさい」のです。

男の子は、「めんどくさい」のが苦手です。

お母さんにとって楽しみなこと、たとえば、買い物、洋服選び、おしゃべりなどは、平均的な男の子にとっては「めんどくさい」のです。

そんな男の子ですから、お母さんにとっては不思議な生き物。そして、なんともかわいいけれど、悩みの種にもなりうるのです。

教育熱心なお母さんなら、そういう男の子の不可解な言動に、ある時期は悩まされるものです。悩むほどでなくても、

「ああ」「もう!」「何やってるの!」

と、毎日同じ言葉を何度も繰り返すことになります。

そんなため息まじりの言葉が、女の子を育てるときよりも、何倍も多いはずです。

それでも、男の子はたいてい聞きません。わかっているけれど、やらない。

お母さんにとって当たり前だと思っていることが、男の子にとっては当たり前ではないのですね。

そのギャップがお母さんをイライラさせ、ストレスを生み出してしまうのですね。

「ぜんぜん言うことを聞かない」「子育てがうまくいかない」と悩む人のほとんどは、男の子のお母さんです。

男の子の子育ては楽しい！

でも、**お母さん、だいじょうぶです！**

息子さんがダメなのでも、お母さんの育て方が間違っているわけでもありません。これまでの経験でおわかりのように、わが息子でありながら、お母さんにとっては「なんでそんなことするの？」というようなことばかりするのが男の子というものなのです。

そんな男の子を育てていくのは、「たいへん」なことでしょうか？

いえいえ、もちろんたいへんなことはあるでしょうが、けっこう楽しいこともたくさんありますよ。

親の意識がほんの少し変わるだけで、男の子の子育ては変わってきます。

まずは、「そうか、男の子ってこんなものか」と理解するだけで、子育てがラクになります。

＊＊＊ハッピーヒント＊＊＊

男の子の子育ては悩んであたりまえ。

現実の男の子ってこんなもの!?

わが子でありながら、わが子が理解できないで、悩んでいらっしゃるお母さんは多いものです。

「自分だったらこうするのに……」「自分が子どもの頃だったらこうしたのに……」という意識がどうしてもはたらくようです。

でも、男の子と女の子は同じ人間ですが、やはり違うところがあるのです。

では、女の子とはどう違うのでしょうか？

ふつうの男の子の特徴をいくつかあげてみましょう。

もちろん個性の違いがあり、男の子のみんながみんな、こうではありませんが、だいたい平均的に目につく男の子の傾向です。

平均的な男の子の特徴とは

＊動くのが好き

じっとしているのは苦手。好奇心のおもむくまま、体が動きます。何かしたいと思ったら、あと先考えずに動き出します。チョロチョロして落ち着きません。

＊動くものが好き

車や電車など動くものが好きです。目の前にチョウやトンボが飛んでくると、そのとき取り組んでいることそっちのけで、注意がそちらにいってしまいます。

＊スリルのあることが好き

高い所に登ったり、高い所から飛び降りたり、水たまりを飛び越えたり、冒険的なこと、ちょっと危ないことが好きです。ですから、お母さんはいつもハラハラ。

＊強いもの、一番が好き

強いヒーローにあこがれて、よくマネをします。かけっこや順番争いになると、トップになろうと燃えてきます。

＊荒っぽいことが好き

体がぶつかり合う遊びやスポーツ、格闘技が好き。アニメも戦いのあるものが好きです。ケンカをすると口よりも手がでやすいです。

＊ふざけること、下品なことが好き

下ネタを言ったり、下品なジョークで笑ったり、気づくと裸になっていることもあります。

＊汚いことを気にしない

手足や顔、服が汚れても平気。脱いだものもその場に置きっぱなし。歯磨きや洗顔、手洗いもめんどくさがります。

＊片付けたがらない

遊んだあとに、おもちゃなどは散らかしっぱなし。叱られるとわかっていても、やりたがりません。

＊ときどきボーっとしている

人の話をちゃんと聞いていない、まわりの状況をよく見ていないように見えます。同じ年齢の女の子と比べると、なんとなく頼りなく見えます。

＊言葉が遅い

同年齢の女の子と比べると、言葉が遅いようで、あまりしゃべらない傾向があります。図鑑はよく見るけれど、物語の本は自分から読みたがらないことも。

＊ひとつのことに夢中になる

ゲームなど好きなことにはまりやすく、一人で遊んでいても平気です。カードやミニチュアなど、ときにはガラクタのような物を集めるのが好きです。

男の子だからって心配ご無用！

いかがですか。このうち半分以上、「そう、そう、うちの子もそうね」というものがあれば、あなたのお子さんは平均的な男の子です。

お子さんが悪い子でも親のしつけが下手なわけでもないですから、心配はご無用。

これからは、ふつうの「男の子ってこんなものだ」と気持ちをラクにして、お子さんを育てていきましょう。そうして、現実のわが子をまずはそのまま受け入れるのです。

女の子みたいな子育てにならなくても、

「まっ、いいか。これが男の子だものね」

そんなふうに気楽にかまえていると、親も子どももハッピーになれますよ。

*** ハッピーヒント ***

現実のわが子をまるごと受け入れる。

男の子って、めんどくさがりやだけど、好奇心旺盛⁉

男の子は、「めんどくさい」ことはやりたがらないと先ほどお話ししました。

お母さんから言われることを「めんどくさい」と感じれば、男の子は大好きなお母さんが言うから、まあシブシブでもやります。

でも、本当にやりたいと思っていなければ、すぐに忘れてやらなくなります。

ですから、お母さんは「もう、また?」「何度言ったらわかるの」と同じことを繰り返すことになるのですね。

そんな男の子でも、自ら動き出すときがあります。

歩いていて、生き物や変わった車や何かおもしろそうなものを見つけると、注意が引きつけられます。

ほっとくとダーと走って行ってしまいます。

水たまりの中でも、男の子にとってはおもしろそうな遊び場です。

服が汚れるという意識はなく、ほっとけばバチャバチャとやり出して、水遊びを始めます。

男の子は「おもしろそう」なことに反応する

男の子を理解するもう一つのキーワードは、「おもしろそう」です。

「おもしろそう」であれば、体が動いてしまうのです。

男の子って、落ち着きがないのは、女の子ほど真面目ではないということではなく、好奇心が旺盛だからでもあるのです。

つまり、**男の子の「おもしろそう」という好奇心のスイッチを刺激すれば、男の子は自分でやり出します。**

たとえば、本を全然読まない子が本を読むようになるのも同じです。

「本を読みなさい。毎日読みなさい」と言われても、子どもはなかなか言うことを聞きません。

とくに、男の子はそうです。

でも、その本の内容を楽しそうに紹介してくれる大人のもとでは、しぜんと男の子も本を読むのが好きになっていきます。

「これ、おもしろい本だよ」と言われ、読んでもらって気に入れば、その本を自分で読みたいと言い出します。

その本がシリーズ物であれば、自分で本を借りてきて、そのシリーズを全部読んでしまいます。

他のことでもそうです。

「これ、おもしろいなあ」と大人が楽しそうにやっていることには、男の子はもう興味津々で、自分もやりたがります。

女の子にとってはめんどうなこと、たとえばプラモデルづくりとか機械いじりでも、いったんはまると、とことんやり続けます。

学校の授業でも同じです。

女の子なら椅子にきちんと腰掛けて真面目に聞けても、男の子には退屈な話が続くと、すぐに注意散漫、落ち着きがなくなります。

でも、授業が「おもしろそう」であったり、また本当に「おもしろい」ものであれば、気を散らしっぱなしの男の子でも、ものすごく集中するのです。

つまり**「○○しなさい」というアプローチよりも、「これ、おもしろいなあ」というアプローチに意識を変えてあげる**と、男の子はやる気をだすようになります。

そして、自主性が育ちます。

「おもしろそう」で自分から勉強する子になる

家庭でも、これからは「勉強しなさい」「練習しなさい」という言葉はできるだけ控えめにしてみてください。

その代わり、「これ、おもしろそうね」「楽しそうね」と言ってみるのです。

親が楽しそうに勉強していて、「ああ、勉強っておもしろい」と言うことも、プラスです。

そうして、子ども自身がいまやっていることにおもしろさや楽しさを見つけられれば、男の子はガンガン自分から進んで意欲的にやり出します。

＊＊＊ ハッピーヒント ＊＊＊

「おもしろそう」で好奇心や意欲を引き出す。

しつけはニコニコ「太陽ママ」が基本

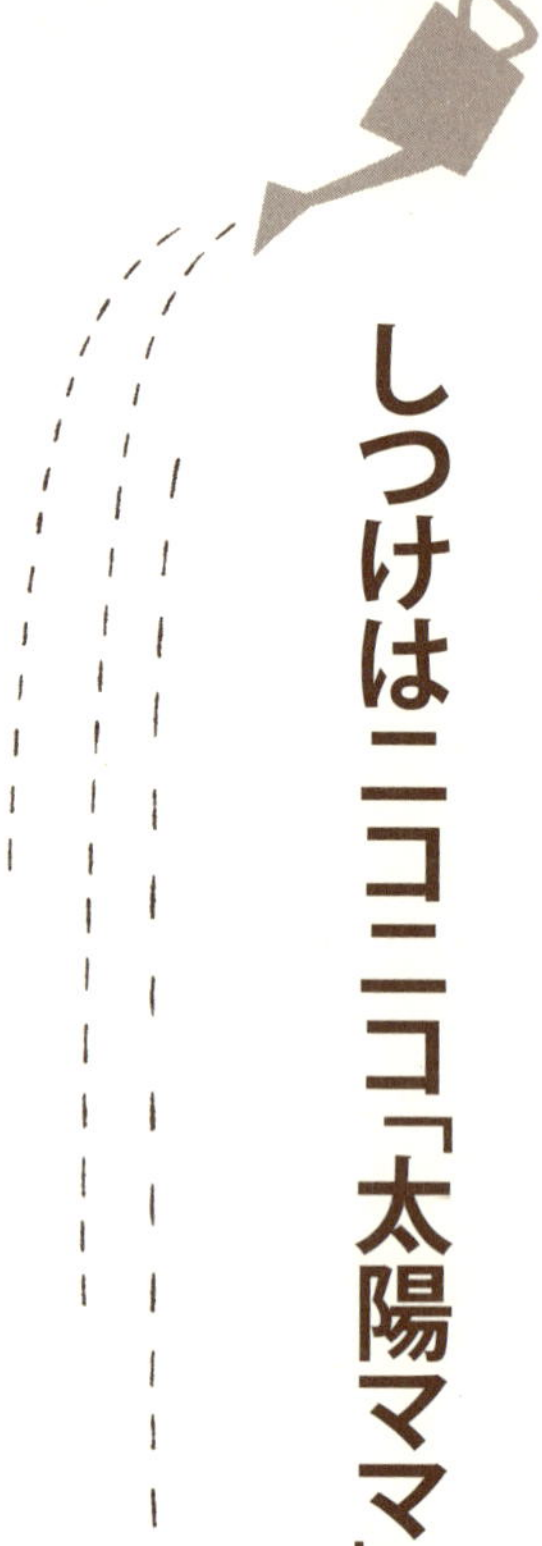

近頃の子育て本のほとんどでは、怒らないでほめる子育てがアドバイスされています。
でも、忙しいときや、子どもがあまりにも言うことを聞かないときには、イライラしたり、厳しく叱りつけたりしてしまいがちになるものですね。
まあ、人間だからそういうことがあっても当然です。
でも、それではよくないな、なんとかしたいと思われるお母さんも多いはずです。

ニコニコ子育てで自主性を育てよう

そこで、イソップ童話の「北風と太陽」のお話を思い出してみてください。

旅人のコートを脱がすために、北風は力いっぱい強い風を旅人に吹きつけ、コートを吹き飛ばそうとしました。

一方、太陽はにこやかに暖かな光を旅人にあたえ続けました。

どちらが成功したかは、ご存じですね。

ガミガミ怒ってばかりの子育ては、この北風と同じです。

子どもは、反発心をもち、親が望む行動はとりたがらないか、一時的に親の言うとおりにしたとしても納得せず、イヤイヤ従うでしょう。

結果、子どもの自主性は育たないのです。

ニコニコしながらの子育ては、太陽のやり方と同じです。

時間はかかりますが、子どもは親の笑顔に見守られ、励まされ、自主性をもって行動していけるのです。

たとえば、子どもが公共の場で走り回って騒いでいるとき、「こら！　何やってんの！」と厳しく怒鳴りつけているお母さんがいます。これは北風のやり方です。感情をぶつけるような叱り方では、子どももお母さんもストレスがたまってしまいます。

そんなふうに怒鳴られても、子どもは具体的にどうしてよいかわかりません。

怒鳴られても自主性は育たないので、また別の人といるときには、同じことをすることになるのです。

一方、太陽のやり方なら、子どもを怒鳴りつけなくとも、しつけられます。

たとえば、つぎのような怒鳴らないしつけ方があります。

怒鳴らないしつけで生き生き育てる

①**問題の発生**：子どもが公共の場で走り回っていることが問題ですね。この場合、すぐに怒鳴らずに、「こっちにおいで」と呼び寄せればよいでしょう。

②**子どもに共感する**：子どもがなぜそうするのか、理由を考えます。別に人を困らせてやろうと思って、騒いだりするわけではないでしょう。「退屈になってきたのかな、おもしろいものを見つけて興奮しているのかな」などと、子どもの気持ちに寄り添うのです。共感してもらうことで子どもは落ち着きます。

③**問題を理解させる**：でも、「ここで、走り回っていたら、迷惑になるよ」などと問題点は穏やかにさとします。

④**どうすればよいか対策を教える**：「ここにすわっておいで」「絵本を読んであげようか」「あとで公園で遊ぼうね」などと対策を示します。

このように「なぜダメなのか（例・人の迷惑になるから）」、「どうすればよいのか（例・ここにすわっておいで）」とやさしく教えたほうが、互いに感情のしこりは残りません。

また、子どもは「こういう場で騒いだら人の迷惑になる」ということを学び、つぎには別の場所でお母さんから言われなくても、自分で判断して、できるようになります。

太陽ママは子どもに笑顔で語りかけます。

お母さんが太陽のように暖かくニコニコしていれば、子どももお母さんからよいエネルギーをいっぱいもらって、太陽のように明るく生き生きと育っていくでしょう。

でも、もちろん、ときにはガツンと叱ってやらなければならないこともあります。

- **命にかかわるような危険なことをしたとき**
- **人に迷惑をかけてぜんぜん反省しないとき**

こういったときには、ビシッと厳しく叱るべきです。

いつもニコニコのお母さんに特別に叱られるのは、効果的です。やんちゃな男の子も、このときばかりは事の重大性に気づき、大いに反省するものです。

＊＊＊
ハッピー
ヒント
＊＊＊

いつもはニコニコ「太陽ママ」、ときにはビシッと「北風ママ」。

結果を急がず長い目で

しつけには、時間がかかります。

たいていの場合、一度や二度言ってできることではありません。

何度も何度も繰り返し教え、やらせて、身につけさせるものです。

大人になってもたいせつな三つのしつけ

たとえば、しつけで大事なものは「三つ」と教育界では言われます。

これは、京都大学出身の哲学者で、教育学者でもあった森信三先生が提唱されて以来、半世紀以上も継承されてきた基本中の基本です。

その三つとは、

① あいさつができる。

②「ハイ」とはっきり返事ができる。

③ ハキモノを脱いだら必ずそろえ、席を立ったら必ずイスを入れられる。

ということです。

森信三先生は、これらをしつければ、他のことも難なくできるようになると論じられました。

その主張は心ある多くの教師に受け入れられ、広がり、根強く支持されています。

じつは、このしつけ三原則は、幼児や小学生のためだけのものではありません。

学校を出て、社会人になっても、多くの企業などで同じようなことを研修で新入社員にしつけていませんか。

つまり、「あいさつ」「返事」「後片付け」は、社会人としてもよい人間関係を築き、よい仕事をしていくうえでも基本中の基本なのです。

しかし、「最近の若い者はあいさつさえできんなあ」と言われるように、実際は大人でもなかなか身につかないものでもあるのです。

それを小さなわが子に何度かしつけたとしても、すぐにはできないのはあたりまえ。

とくに男の子は、30分前に言ったことをもうすぐに忘れています。

何度言っても、同じことを繰り返します。

たいていそうなのです。それが男の子というものです。

男の子はあとから伸びる！

子育ては、急ぐ必要はありません。いまその場で結果をださなくてもよいのです。

とくに男の子は、成長のスピードが遅いもの。

同年齢の女の子よりも幼いのです。

こういったことは、体格的には中学2年生くらいまで続きます。

精神的には、高校生になっても女の子のほうが成熟しているのが一般的です。

これは、平均的な男の子と女の子の成長のスピードが違うだけなので、ご心配にはおよびません。

小学1年生の担任をしているときなどには、子どもたちのお母さんから、「うちの子は姉が1年生の頃と比べると、なんだかボーっとして頼りないみたいですけど、だいじょうぶでしょうか」というようなご質問をたびたび受けたものです。

そんなときはいつも、「男の子の場合、この時期の女子と比べて成長が遅いのがふつうですので、心配なさる必要はありませんよ。男の子はあとで伸びますから」というようなことを申し上げてきました。

それでも心配そうなお母さんには、「あの坂本龍馬だって子どもの頃はパッとしなかったらしいですよ。男の子はいつか急激に成長するものです」と付け加えたこともあります。

男の子が女の子より身体的、精神的な面だけでなく、学力も中学生以降に急速に伸びるということは多くあることなのです。


子育ては、いますぐ結果をださなくてもよいのです。

そう思うと、ちょっと気がラクになりませんか。

なによりも、まずはお母さんに笑顔が戻ったほうが、子どもにとってもお母さんにとってもプラス。

そして、それが幸せを引き出すエネルギーになります。

＊＊＊
ハッピーヒント
＊＊＊

しつけは結果を急がず、ゆっくり笑顔で見守る。

前向きな心、肯定的な心、感謝の心で

はじめに、子育ての目的は、
親（教育者）が子育て（教育）という仕事を通して成長し幸せになること
とお伝えしました。

私は、どんな仕事も、人を幸せにするために行うものだと考えています。

そして、人を幸せにすることができれば、自分も幸せになれます。

子育てという仕事もそうです。

子どもを幸せにすることで親も幸せになれます。

幸せになれる三つの心

では、どうすれば私たちは幸せになっていくことができるのでしょうか。

私がいつも講演会でお話しすることがあります。

そのキーワードは、つぎの三つです。

＊前向きな心
＊肯定的な心
＊感謝の心

自分の心を前向き、肯定的で感謝に満ちた状態にするのです。

すると、その人は前よりハッピーになります。

そんな親（教育者）が前向きな心、肯定的な心、感謝の心をもって子どもに接していけば、子育てはうまくいくようになります。

では、どうすれば、そんな心をもてるようになるのでしょうか。

私がいつもおすすめする、**カンタンで今日からすぐにできることは、自分の言葉を変えることです。**

言葉にはパワーがあります。

マイナスの言葉にはマイナスのパワーが、プラスの言葉にはプラスのパワーがあるのです。

たとえ、ありふれた言葉であっても、たった一言でその人の潜在意識や気持ちや考えを変えます。

その一言を繰り返すうちに、しだいにその人の習慣を変えます。
その一言で、その人の人格や人生を変えてしまいます。

言葉を変えるだけで魔法のように子どもは変わる

あなたが子どもに変わってほしいなら、まず自分自身の言葉を変えてみましょう。

前向きで肯定的な言葉が口ぐせになれば、あなたの意識や気持ちも変わります。考えや行動が前向きで肯定的になり、いろいろとうまくいくようになります。感謝の言葉が増えれば、感謝することがもっと見つかるようになります。

いつもの日常生活がなんてハッピーだろうか、と思えてきます。

そんな前向きな言葉、肯定的な言葉、感謝を表す言葉が口ぐせになったとき、親だけでなく、子どもも変わっていきます。

たとえば、「大好き」は魔法の言葉です。

親が子どもに言う「大好き」は、特別な魔法の言葉です。

だって、子どもにとって親はこの世で一番のたいせつな人たちなのですから。そのたいせつな親から「大好きだよ」と言われるのは、子どもにとってどんなにうれしいことでしょう。親に「大好きだよ」と言われることで、子どもは親の愛を実感できます。

自分は愛されるに値する人間なんだと、自己肯定感を高め、自分を好きになれます。

それが、子どもの自信や生きる力の源にもなるのです。

そして、「大好きだよ」という親の言葉は、子どもの心だけにとどまりません。

子どもの心は、きっと親にも向けられるようになります。

さらには、おじいちゃん、おばあちゃん、友だち、先生、まわりの人たち、ペットにも向けられるようになるでしょう。

「お母さんが大好き」

「お父さんが大好き」

「大好きだよ」

「とっても大好き」

毎日大好きな人に会って、大好きなことが見つけられる子になれます。

＊＊＊ ハッピーヒント ＊＊＊

前向き、肯定的、感謝の言葉を使う。

COLUMN 1

男の子と女の子のさまざまな違い

男女はもちろん平等であり、また、性別とは別に個人的な差異がありますが、男女で大きく体が違うように、現実的にさまざまな違いがあります。

最近の脳科学の研究やさまざまなデータ結果などから、一般的につぎのような男女（男子、女子）の違いがあることがわかってきています。

・女子は言語能力が高く、男子は空間認知力が高い
・男子と女子とでは成長のスピードが違う
・女子は聴覚がすぐれており、ADHD は男子に多い
・男女は興味・関心、行動、学習態度が異なる
・女子は国語が得意、男子は算数や数学が得意
・女子の見るものと男子の見るものは異なる
・男女は感情処理の方法が異なる
・男女は記憶の仕方が異なる
・読書量や読む本の好みが異なる
・友情のあり方、教師との関係のあり方も異なる

＊拙著『なぜ男女別学は子どもを伸ばすのか』（学研パブリッシング）より

そのため、一人ひとりの個性を尊重すると同時に、男女の特性を考慮し、それぞれに合ったやり方で教え、育てると、それぞれのよさを伸ばすことができるのです。

第2章

男の子のやる気やチャレンジ精神を伸ばす

うちの子、どうしたらやる気になるの？

親の言葉が前向きだと男の子は前向きになれる

男の子はやる気にスイッチが入れば、自分から積極的に取り組んでいきます。
では、どうすればやる気にスイッチが入るのでしょうか。
カンタンで今日からでもできることがあります。
それは、**親が発する言葉を前向きに肯定的に変えることです。**
なんだそんなことかと思うかもしれませんが、これが意外と効果があるのです。
そもそも言葉には、人の心や行動を変える力、エネルギーがあります。
すぐに効果があることもありますが、少しずつ効果が現れることもあります。

たっぷりの愛情がチャレンジ精神を育む

心理学で使われるたとえですが、子どもの心の中に二つのコップがあると想像してみてください。

一つは、きれいな水が入ったコップ。

もう一つは、泥水が入ったコップ。

もし、親が子どもの心を濁らせるような言葉「あなたはダメな子ね」「無理、無理」「できっこない」など、否定的な言葉を言っていると、泥水のコップに濁った水がたまっていきます。

そして、いつか泥水があふれ出して、親やまわりの人にも同じようなことを言ったり、荒れた態度をとったりするようになるんですね。

逆に、子どもに前向きで肯定的な言葉、あるいは感謝の言葉、愛のある言葉を言っていると、もう一方のコップにきれいな水がたまってくるのです。

そして、いつか水があふれ出て、親やまわりの人にも同じようなことを言ったり、思いやりのある態度をとったりするようになるんですね。

親からいっぱい愛情をもらった子は、思いやりのある、やさしい子になります。

それと同じように、**親からいっぱい前向きで肯定的な言葉をもらった子は、自己肯定感をもって、チャレンジ精神のある子になっていくのです。**

親の言葉が子どもの心や行動を変えていく

ですから、子どもを前向きにするには、前向きな言葉をかけてあげてください。

「だいじょうぶ」「なんとかなるよ」

すると、子どもは安心してきます。

「できそう」「できるよ」「やろう！」

だんだん、自分にもやれそうな気になってきます。

こういう前向きな言葉を親が使っていると、子どものやる気がたまってきます。

そして、じゅうぶんにたまったとき、スイッチが入るのです。

とくに子どもが失敗をこわがって消極的になっているときに、親の言葉は子どもの大きな力になります。

「だいじょうぶ、平気、平気」

もし、かりに失敗したとしても、本当にだいじょうぶなのです。

子どもは失敗しながら学んで成長していくものですから。

失敗するのは、チャレンジしている証で、ほめてあげてよいのです。

「むずかしいのにチャレンジしてえらいよ」

親のやさしさに包んでもらえた子どもは、ふたたびチャレンジをし始めます。

「だいじょうぶ」「できるよ」

その子は、心の耳で親の声を聞いているのです。

そんな子どもは、ちょっとやそっとで、あきらめたり、つぶれたりしません。いろいろなことにチャレンジしながらどんどん成長していくのです。

それに、**親が前向きな言葉を言っていると、親自身の気持ちがだんだん元気になっていきます。すると、家庭はどんどん明るくなります。**

そのあふれる明るいエネルギーは、子どもが元気で明るく育っていくうえで大きなプラス要因になっていくのです。

＊＊＊
ハッピーヒント
＊＊＊

「だいじょうぶ」「できる！」を口ぐせにする。

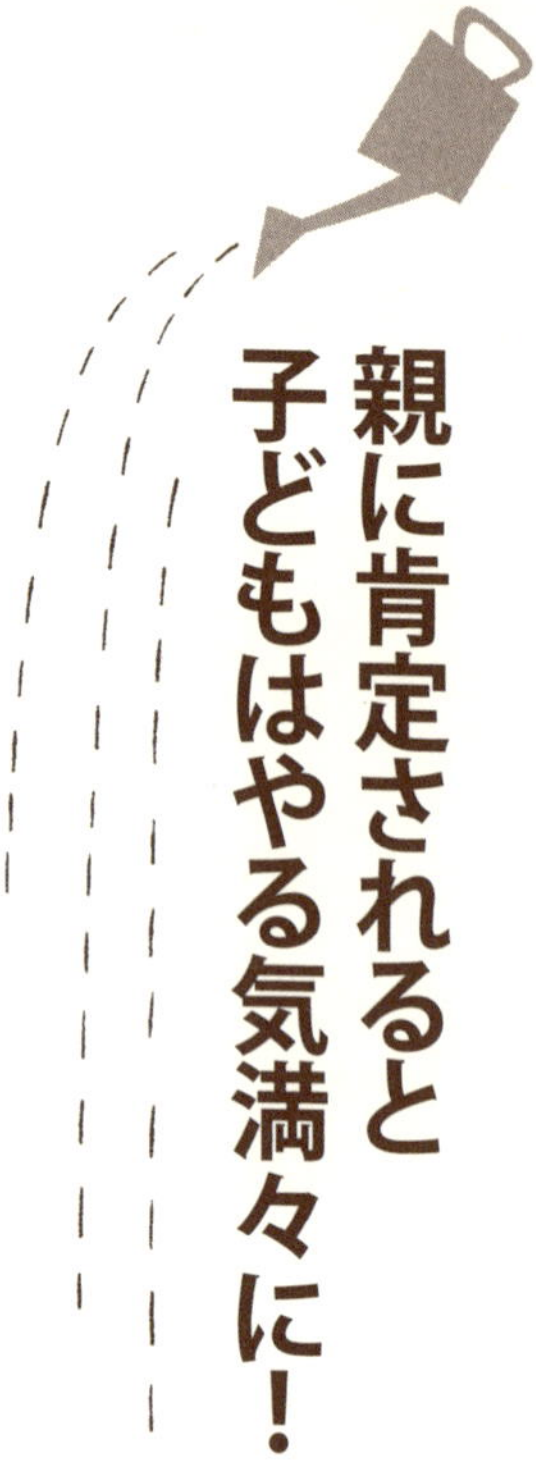

親に肯定されると子どもはやる気満々に!

子どものやる気をそぐ言葉は、「ダメ、ダメ（おまえなんかダメ）」です。

あなたも、「ダメ、ダメ」と言われると、落ち込んだりしませんか?

子どもは、大人ほど強くないので、もっと落ち込みます。

子どもが危ないことをしていたり、人に迷惑をかけるようなことをしたりしているときは、「それはしてはいけません」という意味をこめて「ダメ!」と言うのはもちろん必要です。

でも、子どもが一生懸命していることに、「ダメねえ、それじゃダメよ」と口を出すと、子どもはやる気をなくします。

たとえば、習い事や勉強で自分でもうまくいっていないことがわかっているのに、お母さんから「ダメねえ」と言われると、自信をもてなくなります。

ですから、子どもがしていることは、悪いことでなければ、まず肯定してあげましょう。

「いいね、いいね」
「そうだね」
「OKだよ」

自分がしていることや言ったことを肯定されると、子どもはますますやる気をだします。

親のたった一言が子どもを変える

たとえば、絵を描いているときは「このお花がいいね。上手だね」、字を書いているときは「姿勢がいいね。いい字が書けているね」というように。

肯定されてほめられると、子どもはますます絵を描くことや字を書くことが好きになります。

肯定するのは一瞬の場面ですが、「いいね、いいね」と肯定されてほめられたことによって、子どもはうれしくて、もっと続けようとします。

お母さんの口ぐせで多いのが「早く早く」です。

「早く起きなさい」「早く着替えなさい」「早く食べなさい」と、子どものすることを急がせます。

これらは子どもにマイナスの影響をあたえてしまうマイナス言葉です。

「グズグズしたらダメよ」と言われれば、子どもは自分がグズだと思ってしまいます。「早く早く」とせかされたら、子どもは自分がかなりノロマなんだと思ってしまいます。

そう思うことで、ますますグズでノロマになります。人間は自分が思い描いた状態になってしまうからです。

でも、考えてみれば、大人より子どもの動作が遅いのは当然です。慣れない動作に時間がかかるのも当たり前のことです。

ですから、まずお母さんがイライラしないで、ゆったりした気持ちになることがたいせつなのです。

子どもはほめられたように育つ

子どもの動作が遅く思えても、そのありのままの姿を受け入れることです。

そのうえで、**時間以外のことにも目を向けてみるとよいでしょう。**

「いま一人で洋服を着ているのね。えらいわね」「少しもこぼさずに食べられているわね」など、遅いながらもほめることが見つかるのではないでしょうか。

取りかかりが遅い子に、「早く○○しなさい」と命令しても、すぐに始めることはまれでしよう。仮に実行しても、シブシブするのであれば、子どもの自主性は育ちません。

実際、「早く早く」は、子どもの自主性を育てるのには、効果がありません。

「早く早く」とせかして、その場では早くなるかもしれませんが、子どもが自ら動いたわけではありませんから、成長は生まれず、このつぎも変わっていません。

動作を早くさせたいのなら、「早いね、早いね」とほめてあげたほうが効果的です。

「服を着るのが早いね」と言ってほめてやれば、だんだんと服を着るのが早くなります。

子どもは、ほめられたことをほめられた通りにやりたがるからです。

ほめられると、自信がつき、進んでやるようになるので、だんだん早くなるうえ、もっと上手にできるようになるのです。

＊＊＊ハッピーヒント＊＊＊

肯定言葉「いいね」「そうだね」「早いね」を口ぐせにする。

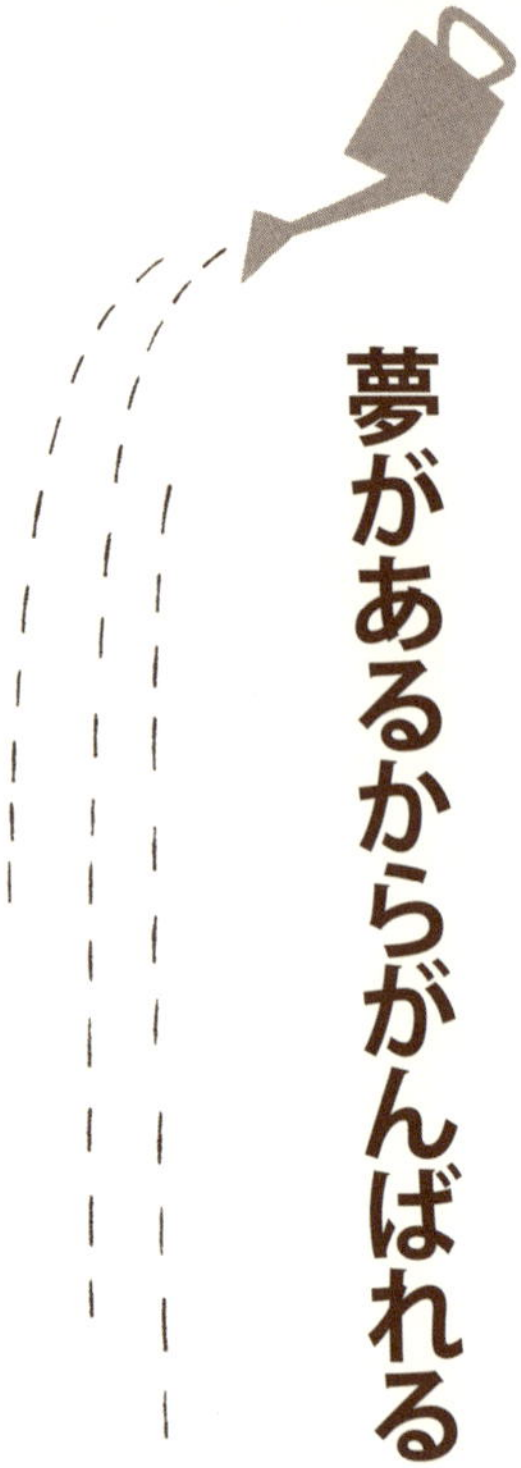

夢があるからがんばれる

親は子どもに勉強してほしいと願うものです。

小学生や中学生にもなると、子どものほうもいまさら言われなくても、それはわかっています。

親からの「勉強しなさい」という小言は、多くの場合は親の期待に反してあまり効果がありません。

とくに男の子はそうです。

思春期の男の子たちの場合、一番やる気になれないときは、親から「勉強しなさい」と言われたときだと言います。

女の子の場合、やらなければならない宿題などは、けっこう真面目にやりますが、男の子はやりたがりません。

「勉強しなさい」と言わなくても、子どもがやる気になって自分から勉強するようになれば、

親も教師もこんなにうれしいことはないでしょう。

しかも男の子の場合、うまくやる気に火をつければ、まわりがびっくりするくらい勉強（本人はそう思っていない⁉）にのめり込むことがあります。

では、どうすれば、子どもがやる気になれるのでしょうか。

夢が子どものエネルギー源になる

男の子と女の子に共通する方法をあげてみます。

それは、夢をもつということです。

人は**夢があると、やる気になれます。辛いときもがんばることができます。**

子どもの夢というと、将来、何になりたいか、という話になりますね。

「甲子園に出て、プロ野球選手になりたい」

子どもがそんな夢を語ったとき、親はどうすればよいでしょうか。

一番マズイのが、それを否定してしまうこと。

「プロのスポーツ選手になんか、一万人に一人もなれないのよ。それ、無理よ。あなた、クラスの中でもあんまりうまくないでしょ」

そんなふうに否定してしまえば、やる気をなくしてしまいます。

「それより、しっかり勉強して、いい大学入って、いい会社に入ったほうがいいのよ」

そんなことを言われても、子どもはまったくやる気になれません。

子どもにとっては、野球選手で活躍するほうがずっと魅力的で、希望がもてるし、やる気もわいてくるのです。

そんな子どものやる気を親がつぶしてしまってはいけません。

「いいわね。野球選手になったら、お母さん、応援に行くよ」

そんなふうに言ってあげたら、子どもはもっとやる気がでるのです。


大リーグ、シアトル・マリナーズのイチロー選手は、小さい頃からプロ野球の選手になりたいという夢をもっていました。

4歳くらいに中日ドラゴンズの試合を野球場で見て以来、野球選手にあこがれていたのです。

そんなわが子の夢を、両親はずっと応援してくれたそうです。

ですから、彼はいまも両親にすごく感謝しています。

子どもの夢はどんどん変わっていってよい

さて、あなたのお子さんは、いま、どんな夢をもっているのでしょうか。

たとえどんなことでも、夢をもつのは大事なことです。

夢がお子さんのやる気の源になります。

夢をもっていると、前向きに積極的に生きることができます。

ときに、子どもの夢は、よく変わります。

「野球選手になりたい」と言っていた子がしばらくすると、「バスの運転手になりたい」「医者になりたい」「学校の先生になりたい」と言ったりします。

でも、それでよいのです。

夢や希望をもって努力する姿はイキイキし、その瞳はキラキラ輝いてきます。

夢に向かってがんばる姿勢は、中学生くらいになって、本格的に勉強に取り組まなければならないと自覚したときに生きてきます。男の子は、とくにそうです。

そして、将来どんな職業についたとしても、必ず役に立ちます。

*** ハッピーヒント ***

子どもの夢を肯定し、応援する。

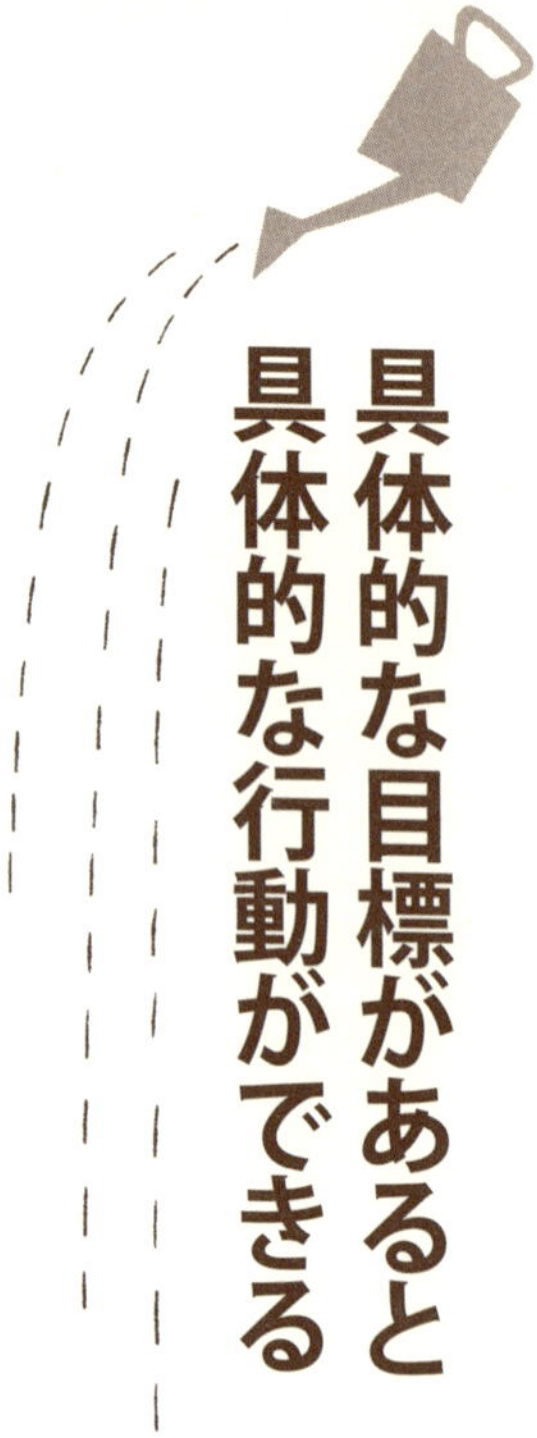

具体的な目標があると具体的な行動ができる

夢と目標の違いは、何でしょうか。

水泳でオリンピック二大会二種目連覇をした北島康介選手の考えに、私は賛成です。

「目標」は「夢」に近づくための階段、だと思うんだ。ふたつの違いは、いまの自分ではできないけどいつかそうなりたいというものが「夢」、いまの自分ががんばればできそうなことを「目標」と言えばいいのかな。

北島康介『前略、がんばっているみんなへ』五六頁（ベースボール・マガジン社、二〇〇八年）

別の言い方をすれば、

・大きな夢を分割したものが目標

・漠然とした夢をより具体的にしたものが目標とも言えるでしょう。

大きな夢はすぐにはかなわないのですが、小さく具体的な目標を一つずつ達成していけば、大きな夢が実現していくのです。

夢があるとやる気がわいて、目標があると行動することができます。

効果的な目標の立て方

さて、目標の立て方についてです。目標は、がんばれば達成できる具体的なものがよいです。

たとえば、「医者になって人を助けたい」という夢をもつ子がいるとします。

そんなとき、「では、そのために何をすればよいか?」、それを親子でいっしょに考えます。

医者になるためには、大学の医学部に入って勉強し、国家試験に受からなければなりません。そして、大学の医学部に入るためには、学力がどれくらい必要かということを知って、その学力を身につけることを大きな目標にします。さらにそのために、**いまの自分ががんばればできそうな小さな目標を決めさせる（あるいはあたえる）のです。**

小学低学年であれば、「今日は漢字を3個覚える」「計算プリントを1枚」というように、今日いまからでもできることを設定します。

そのうち慣れてきたら、「これはまだ早いと思うけど……」「これは少しレベルアップするけど……」と少しずつむずかしい目標に切り替えてみてください。

そう言われると、「よし、やってやる!」と意欲を燃やすのが、男の子の特徴です。

また、はじめのうちは親が決めてよいのですが、ペースがつかめるようになったら、子ども自身に目標を設定させて、取り組ませるとよいでしょう。

やる気を持続させる秘訣

でも、最初はやる気満々だったのが、二、三日たつと、やる気がなくなってくるというのは誰にでもあることですね。

やる気を維持するには、目標達成の成果を目に見えるようにすると効果的です。

成果をビジュアル化するとやる気が続きます。

たとえば、小学生の場合、漢字ドリルで合格したページにシールを貼ったり、ハンコを押したり、花丸を書いてあげたりするだけで喜び、励みになります。

1週間の学習計画表をつくり、その日の各教科の目標が達成できたら、その項目を赤色で塗りつぶすだけでも効果があります。計画表が少しずつ赤くなってくるのが目に見えるので、どれだけ成果が上がっているか目に見えてわかるのです。

まだ途中であっても、やったことの成果が実感できると、やる気が維持できるのですね。**そういう習慣が身につき、成功体験を重ねていけば、中学生、高校生になっても、自分で目標を設定し、自分でやれる子になっていきます。**

成功体験といっても、おおげさなことではありません。親が「よくがんばっているね」とがんばりを認めてあげることです。子どもは認められ、ほめられることで、より達成感が生まれます。自分でやり遂げたという達成感が、自信となり、つぎへの意欲となります。

ほめるときは、言葉と笑顔でじゅうぶん。たまには、手づくりの表彰状などをあげるとすごく喜ぶでしょう（インターネット上に子ども用の表彰状を無料でつくれるサイトがあったり、100円ショップなどに表彰状カードが売られたりしていますのでカンタンにできます）。それらを通して、子どもは自分が成長していく喜びを感じ、自信をもてるようになります。

そして、それを親はともに喜んであげればよいのです。

＊＊＊ ハッピーヒント ＊＊＊

成果をビジュアル化する。

子どもがぐんぐん伸びる「上手なほめ方」5原則

いつも心がけたいほめ方の原則

ほめるときに心がけておきたい、ほめ方の5原則があります。

原則1　あたりまえのことを気前よくほめる

ほめるとは、子どもにおべっかを使うことでも、おだてることでもありません。いまのありのままの子どもの良さを認めてあげることです。

でも、「こんなことはできてあたりまえ、他の子もできているし……」という意識があれば、わが子の良さが見えなくなってしまいます。

大人にとってあたりまえのことでも、成長過程にある子どもにとっては、どうにかがんばって失敗しながらやっとできたことばかりなのです。

あたりまえのように着替えて、あたりまえのようにごはんを食べて、幼稚園や学校に通うことでも、本当は子どもの小さながんばりの積み重ねでできているのではないでしょうか。

子どもの立場に立って、あたりまえのことでも気前よくほめてあげましょう。

原則2　言動を具体的にほめる

ほめられる者としては、自分を個別にほめてもらったほうがうれしいものです。

さらに、誰にでも当てはめる漠然としたほめ言葉よりも、自分のどんなところがよいかを具体的にほめてもらったほうが喜びも増します。それは、自分のことをちゃんとよく見てくれているんだなという安心感や喜びが得られるからです。

また、具体的にほめられると、子どもはその言動をまたしたくなります。

原則3　タイミングよくほめる

子どもにとってほめられてうれしいと感じるときにほめることもたいせつです。

原則として、子どもが何かよいことをしているのを見たら、その場ですぐにほめるとよいです。

そうすれば、短い言葉でも説明なしに、印象深く伝わります。

もちろん数週間前、数か月前のことを回想してほめるのもＯＫ。

時間がだいぶたっているのに、覚えてもらっていると知り、うれしいものです。

原則4　続けさせたいことをほめ続ける

親がほめてくれることを子どもはしようとします。

子どもにとってむずかしいことをしようとしているときは、それが習慣となるまでは、親が行いをほめ続けることがたいせつです。

そのうち、親が何も言わなくても自分でできるようになります。

原則5　結果だけでなくプロセスもほめる

目標が達成したらと前項で書きましたが、その前にほめておくこともたいせつです。

「つぎのテストでいい点が取れたら、ほめてあげよう」

そう考えていたら、ほめるチャンスがなかなかこないかもしれません。

努力しても結果が思わしくないということは誰にでもあるのです。

それなのに、親がその結果（数字）だけを見て、「全然がんばっていないじゃないの」「努力が足らない」などと叱れば、子どもは気持ちが沈んでしまいます。

結果だけで判断せずに、そのプロセス、その取り組み方やがんばった点を見つけてあげると、子どもは違った受けとめ方をするものです。

たとえば、

例1　親「昨日は、テレビも見ないで試験勉強してたね。感心したよ」
　　　子「うん、でも、慌てて詰め込んでもダメだね。これからはもっと前から準備するようにするよ」

例2　親「今日の試合負けたけど、いいパスがたくさん出せたね」
　　　子「パスの練習はだいぶしてきたんだよ。これからは、もっとディフェンスの練習もするよ」

親がよく見てくれていて、取り組みのよかったことも認めてくれると、子どもはまた自分の目標に向かって意欲をもって取り組むようになるものなのです。

***
ハッピーヒント
***

子どもは認めてほめるとぐんぐん伸びる。

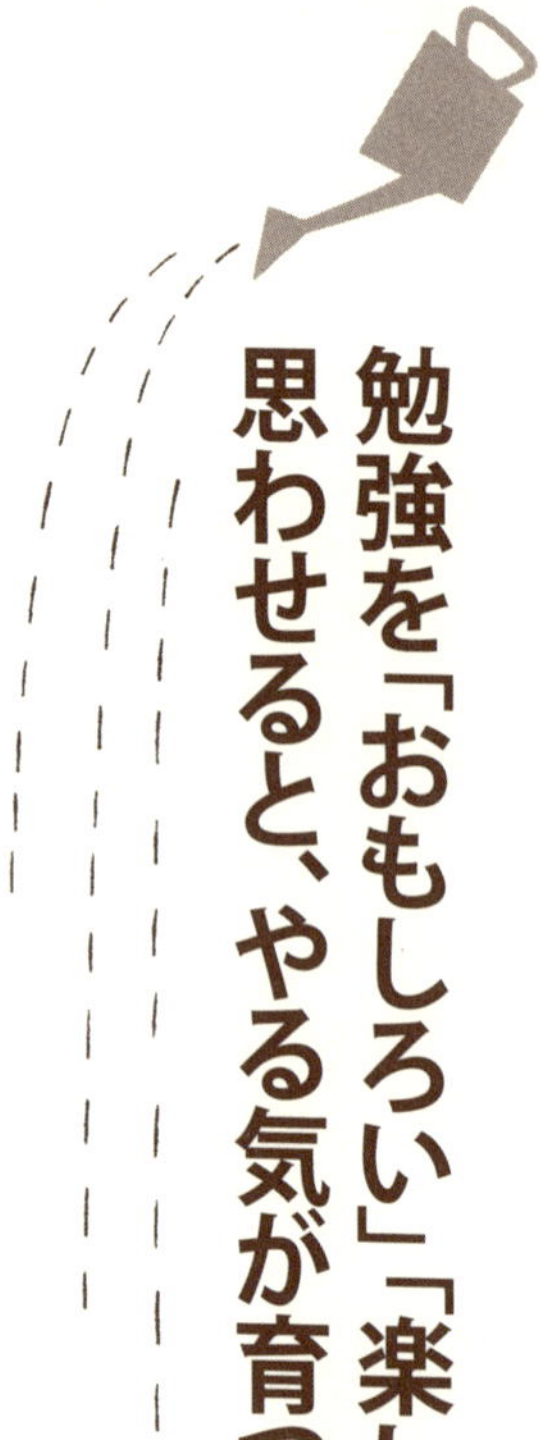

勉強を「おもしろい」「楽しい」と思わせると、やる気が育つ

「おもしろかったらやめられない」

「漢字を10回ずつノートに書きなさい」という課題も、女の子なら難なく取り組めても、一部の男の子には続けるのがむずかしくなります。

もちろんこういう繰り返し行う勉強は効果がありますが、単調な勉強は男の子にとっては「退屈でめんどー」なのです。

また、小学生でも勉強がだんだんむずかしくなって、勉強がわからなくなると、勉強が嫌いになってくる子が増えてきます。

そうなる前に、手を打たなくてはなりません。

基本的に、小学生は勉強が好きです。勉強して新しいことを習うのは楽しいし、賢くなれるということを、子どもたちは知っています。

3年生の4月の国語の授業で、「いまの自分が思っていること、考えていることについて書きなさい」という指示で書かせた作文です。

自分の様子

三年　Y・M

今、ぼくはきげんがいい。

どうしてかというと勉強がおもしろいからです。

勉強をするとさいごにおもしろくなってくる。

じゅぎょうがおわったらわらいそうになる。

今これをかいているときもおもしろい。

なんだか先生がおもしろい勉強のやりかたを教えてくれているみたい。

みんなもおもしろいと思っているかもしれない。

おもしろかったらやめられない。

勉強というのは、おもしろく、あたまがよくなるからうれしい。

どんどんみんなはかしこくなっていくので、これからもいっしょにどんどんかしこくなっていくといいなあと思いました。

この作文の子のように、ふつう子どもは勉強して賢くなりたいと思っています。

そして、できれば楽しく学んで賢くなりたいと思っているのです。

勉強のやり方も、ちょっと工夫をすれば、おもしろく楽しくできます。学校の授業だけでなく、家庭でもできることがあります。

勉強をおもしろいと思うようになれば、しめたもの。

子どもたちの意欲に火がついて、自分から勉強をやり出します。

ちょっとした工夫で勉強は楽しくなる

前述の「漢字を10回ずつノートに書きなさい」という漢字練習も、やり方によってはおもしろくできます。

たとえば、**「漢字の自己練習・自己テスト」方式。**

漢字練習は、ただ単に漢字をノートのマス目に埋めるだけでは意味がなく、目的は漢字を覚えること（読んで書けること）です。

そこで、練習回数は自分で決めさせ、何回か練習したあと、もう覚えたという自信がつけば、自分でテストさせるのです。

テストのやり方は、前に練習した文字を紙で隠して、ノートのつぎのマスに見ないで書かせるだけ。

間違えずに書ければ、合格！（であれば、10回書く必要はありません）

間違えていれば、もう3回練習して、再チャレンジ、と決めておきます。

すると、**もっと集中して短時間で漢字を覚えられるようになります。**

子どもにとっては、ただ機械的に練習するだけでなく、「全部覚えた！（合格した）」という達成感があるので、そのほうがずっと楽しいのです。

＊＊＊
ハッピーヒント
＊＊＊

めんどうな学習でも工夫して楽しく！

勉強がゲームやクイズだと男の子は燃える

「うちの子、ゲームばかりしている」
「何かに熱中していると、話しかけても聞こえていない」

こういった声は、男の子をもつ親に多くあります。

男の子は、一つのことに集中できる傾向があり、興味を抱いたことに没頭してしまう脳をもっています。勉強は気分がのるとやるのですが、のらなければ、まず手もつけません。

宿題よりも遊ぶほうが当然楽しいので、たいていあと回し、というのが平均的な男の子です。

このような男の子をやる気にさせるには、どうすればよいのでしょうか。

好きなことで「やる気」を引き出す

男の子の場合、勉強はやらなければならないことであるのはもちろんですが、むしろ勉強はおもしろいものだと思わせることです。

どんな勉強でも、興味をもたせることがたいせつなのです。

たとえば、車の好きな子なら、算数の文章題には、車の数を計算させる問題をつくって解かせたり、つくらせたりすると、興味をもって取り組めます。

サッカーの好きな子なら、ワールドカップに出てくる国を話題にします。

サッカーの強いスペイン、ドイツ、イタリア、ブラジルなどは、地図の上ではどこにあって、どんな国かを調べると、しぜんと地理の勉強ができます。

昆虫の好きな子なら、いっしょに昆虫採集をしたり、昆虫のことを調べさせたりするのです。

すると理科が好きになり、図鑑を読むことで、読書習慣もつきます。

興味をもち、「おもしろい！」と感じるようになれば、男の子はのめり込みます。

そして、どんどん自分から、遊び感覚で、勉強をしていくようになります。

男の子の勉強には遊び要素を取り入れる

また、**勉強をゲーム化すると男の子は燃えます。**

女の子はグループで協力し、教え合いながら学習するのが好きで得意です。

しかし、男の子は協力よりも競争によって意欲が高まります。

「さて、どの班が一番かな?」

「誰が早いかな?」

そんなふうに意識させるだけで、男の子の集中度は全然ちがいます。

男の子は、ふつうに練習やおさらいの勉強をするよりも、ゲーム化したほうが10倍盛り上がります。

たとえば、**漢字のしりとりゲーム**。

このゲームのルールはカンタン。つぎのような説明でじゅうぶんです。

「漢字を使って熟語のしりとりをしていくゲームです。最初、中井という漢字をノートに書いて、つぎは井が頭につく熟語を見つけて、どんどん書いていきましょう。

たとえば、中井↓井戸↓戸口↓口紅……というようにね。

さて、5分でいくつできるかな。国語辞典を使ってもいいですよ。

では、えんぴつを持って。ようい、はじめ!」

こんなカンタンなゲームに、男の子たちはむちゃくちゃ真剣に取り組むのです。

一番たくさん書けた子は、それはもう大得意。

他の子はくやしがって、「先生、もう1回やりましょう!」と言い出すほどです。

2回目以降は、自分との競争もできるのがよいところです。

「1回目の自分よりも、たくさん書けた人？」と聞くと、多くの子の手があがります。

1回目より進歩したことがわかれば、それなりに達成感を感じることができます。

あまり書けなかった子はくやしがって、その後、ふだんの漢字の練習を真面目に取り組むようになります。

また、**クイズも大好きです**。

「では、クイズを出します。山のつく県名は、いくつあるでしょう？」

問題を出すと、地図帳をめくりながら必死で探し出します。

こんなふうに勉強にゲームや遊びを取り入れると、燃えてくるのが男の子です。

＊＊＊
ハッピーヒント
＊＊＊

ゲーム感覚で勉強に夢中にさせる。

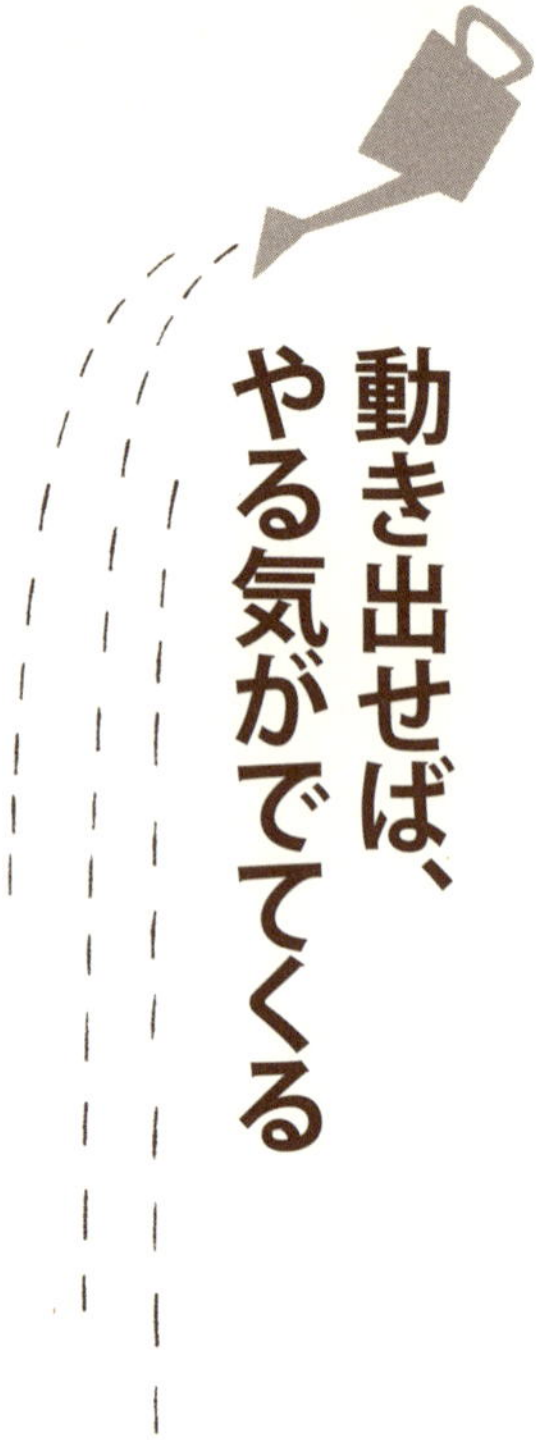

動き出せば、やる気がでてくる

何事も始めるときにはいろいろとめんどうで、エネルギーを必要とします。
ロケットが飛び立つときには、飛行中の何倍ものエネルギーを使います。
でも、発射に成功すれば、慣性の法則でラクになります。
私たち人間の行動も同じで、始めるときには大きなエネルギーがいるものです。
ですから、子どもが何かを始めるとき、親がいっしょにしてあげるとよいです。
まず、とりあえずやってみる。
やる気は動くことによってわいてきます。
やる気がでてから動くのではなく、動くことでやる気がでてくるのです。

男の子を読書好きにするコツ

ある小学1年生の男の子は、本を読むのが苦手でした。

本よりも漫画やテレビが好きで、「本を読みなさい」と言っても聞きませんでした。

そこでお母さんは、男の子が寝る前に、いっしょに本を読むことにしました。

最初は、男の子が興味をもっていた恐竜の図鑑です。

お母さん自身は恐竜にはあまり興味がなかったのですが、男の子がとても好きだったのです。

まずは、本を持って本を広げます。すると、そこに新しい世界があって、その絵や写真や文字を追ううちに、その世界に入っていきました。

そうしていくうちに、男の子は恐竜の図鑑に興味をもち、お母さんがいなくても自分ひとりで図鑑を取り出しては眺めるようになったのです。

お母さんに話す会話も、ティラノサウルスがどうのこうの……。でも、お母さんも図鑑をいっしょに読んだことがありましたから、その会話の内容をある程度理解できます。

すると、男の子はさらに勉強したことをお母さんに話してくれるようなりました。

この子は1年生の1学期くらいは、恐竜の図鑑ばかり読んでいて、「うちの子、だいじょうぶでしょうか？」と少し心配もされていました。

しかし、2学期になると昆虫にも興味をもち始め、昆虫の図鑑や物語を読むようになりました。3学期には、動物へと……どんどん興味を広げていきます。そして、お母さんが「読みなさい」と言わなくても、自分から本を広げて読む子になっていました。

このように、最初は親がいっしょに付き合ってあげるとよいのです。**おもしろさがわかると、子どもは自分から意欲的に動き出します。**

親のきっかけづくりで〝やる気スイッチ〟オン！

男の子は、好きなことにはどんどんのめりこんでいきます。何か新しいことを始めるきっかけづくりは、学年または学期の始めや夏休みなどの長い休みの日がチャンスでしょう。

私の教え子に、小学1年生のときに夏休みに家族で昆虫採集に行って、チョウの標本箱を自由研究として提出した子がいました。

そしてそれ以来、チョウが大好きになりました。

私が勤務していた学校では、小学6年生で自分の好きなことを研究する卒業論文に1年がかりで取り組み、発表会を3月に行います。もちろん、その子は、チョウの研究でした。

ふつう卒論指導のために、児童一人ひとりに担任以外でその分野の得意な担当教師がつきます。そうして、休み時間や放課後に相談に行ったり、アドバイスを受けたりできるシステムになっているのです。

でも、彼の場合、チョウに関する知識では担当した理科教師以上だったため、論文の書き方を指導するくらいでよかったそうです。

小学生のときから、大学や高校の先生たちに交ざってチョウの学会に参加するくらい研究に夢中なり、さらには、中学生、高校生のとき全国的な科学の賞をもらい、大学は理学部に進みました。

この男の子がチョウの研究に没頭するようになったきっかけは、夏休みに親子で行った昆虫採集だったそうです。最初は、チョウのとり方さえも知りませんでした。

けれど、親がいっしょに昆虫採集に行ったことで興味とやる気のスイッチが押され、その後は自分ひとりでも没頭するほどになったのです。

こんなふうに、最初は親がきっかけをつくり、付き合ってあげることで、子どものやる気にスイッチが入るものなのです。

＊＊＊ ハッピーヒント ＊＊＊

はじめは親子でいっしょにする。

COLUMN 2

男の子をやる気にする言葉かけ

言葉かけひとつで、男の子の「やる気」は変わってきます。

つぎのような言葉を参考にして、言葉かけを工夫してみてください（括弧内は参照ページです）。

●前向きな言葉かけ
「だいじょうぶ」「できる！」「やれる」（→ P38 ～ 41）
●肯定する言葉かけ
「いいね」「そうだね」「早いね」（→ P42 ～ 45）
●感謝する言葉かけ
「ありがとう」「……○○してくれてうれしい」「助かったよ」（→ P134 ～ 135）
●やる気にスイッチを入れる言葉かけ
「○年生にはむずかしいよ」「チャレンジしてみたい？」
●達成感を味わわせる言葉かけ
「すごい！」「かっこいい」「よく○○できたね」
●成長を感じさせる言葉かけ
「強くなったね」「自己最高だね」「お兄ちゃんになったね」
●勉強が好きになる言葉かけ
「できるようになったね」「頭いいね」「また教えてね」

第3章

男の子のコミュニケーション力を伸ばす

先生や友だちと
ちゃんとコミュニケーションがとれるかしら？

話を聞かない男の子もちょっとしたコツで聞くようになる

社会ではコミュニケーション力の高い人材が求められています。
仕事をするときには、他人と情報を伝達し合い、理解し合うスキルがどの職種でも必要になります。

人の話をきちんと聞いて相手の気持ちや言い分を理解したうえで、自分の考えもわかりやすく伝えて理解してもらう。

このようなスキルは良好な人間関係を築くうえでもたいせつです。

どうして男の子は話を聞かないの？

ところが、男の子にはコミュニケーションを苦手としている子が多いのです。

まず、人の話を聞くことについては、一般に女の子は得意ですが、男の子は苦手です。

学校で教師が小さな静かな声で話しても、女の子は集中して聞くことができますが、男の子はすぐに集中力を欠いてしまいます。

自分の興味のない話が長く続くと、女の子は黙って聞くことができても、男の子は退屈してすぐにソワソワし、気を散らしてしまいます。家庭でも、そのようなことがありませんか。

親が同じように話しても、女の子はしっかり聞いているのに、男の子は聞いているのか聞いていないのか、よくわからない。「ごはんよー」と呼びかけて、女の子は「はーい」とすぐに反応をしますが、男の子は遊びに熱中して聞こえていない。

親御さんたちの話を聞いていると、そんなことがよくあるようです。

そうなるのは、一般的に生まれつき女の子の聴力がすぐれているから、また同年齢であれば、理解できる語彙は女の子のほうが豊かだからという理由もあるでしょう。

それに女の子は話をする人の表情にも敏感で、その気持ちを読み取ることも上手です。

でも、ちょっとした工夫をすれば、男の子も話を聞くようになります。

男の子を集中させて話を聞かせるコツ

話を聞かない男の子にも話を聞かせる方法を、いくつか紹介します。

男の子に話を聞かせるためには、まず注意を引きつけなくてはなりません。まず目をこちらに向かせることです。

そうでなければ、男の子は聞いていないと思ったほうがよいでしょう。

男の子の場合、窓の外に鳥が飛んでいるとか、廊下で物音がするなど、何かおもしろそうなことですぐに気を散らし、視線を泳がせてしまいます。

そういうときは、まずその子は話を上の空で聞き流していると思ってよいでしょう。

また、頭の上から話しても、男の子の場合、メッセージは素通りしてしまうことがほとんどです。

ですから、学校では、大事なことをどうしても伝えたいときは、「おへそを話す人に向ける」「話は目で聞く」を徹底させます。

家庭でも、大事なことを一対一で話すときは、まず目を親に向けさせてください。

「〇〇ちゃん」と穏やかに名前を呼び、注意を向けさせ、腰を落として子どもと目と目を合わせて話します。

すると、しっかりと伝わります。

叱るときも、この方法が効果的です。

たとえば、人に迷惑をかけているときは、すぐにその場で叱ったほうがよいですね。

でも、親が怒っていれば、なおさらメッセージが伝わらない場合があります。

そういうときは、深呼吸を二、三度しましょう。気分がだんだん落ち着いてきます。

また、子どもに言葉を伝えるとき、場合によっては、子どもの手を握ったり、肩を抱いたりしながら、伝えてもよいと思います。

いつものニコニコではなく、怖い顔、低い声で言えば、男の子もいまは叱られる場面なんだと理解できます。

そして基本は、**子どもと視線を合わせて、ビシッと短い言葉で。**

スキンシップがあるので、子どもはあたたかさを感じながら、親の言葉を受けとめるでしょう。

＊＊＊ ハッピーヒント ＊＊＊

目と目をしっかり合わせて会話する。

親の言葉かけ次第で男の子は伸びる

まだある！　男の子に話を聞かせるコツ

男の子にしっかり話を聞かせる効果的な工夫は、まだまだあります。

＊「一時に一事」の原則で短く簡潔に

子どもは一度にいろいろなことを言われても、頭に残らないですし、行動に移せません。

とくに男の子は、脳が一つのことに集中するようにはたらく傾向があるため、なおさらそうです。

そんな男の子に効果的なのは、「一時に一事」の原則です。

家庭では、とくにお母さんの指示は長くなりがちではないでしょうか。

たとえば、子どもがおやつを食べているときに、「残さずに食べ終わったら、テレビを消し

て、お皿をかたづけて、宿題を忘れずにするのよ」というようなこと。

この指示は、お母さんにとっては一言ですが、「おやつを残さずに食べなさい」「そのあと、テレビを消しなさい」「そのあと、お皿をかたづけなさい」「そのあと、宿題を忘れずにしなさい」の四つのことをいっぺんに指示しています。

子どもにしてみれば、おやつを食べながらテレビを夢中になって見ている最中に言われたことでもあり、ほとんど頭に残っていないでしょう。

やはり、指示は「一時に一事」が効果的です。

この場合、必要のない指示はしないほうがよいかと思います。

たとえば、いつも言われていることなら、

「オヤツを食べ終わったあとは、どうするか、わかってるね」

これで、子どもには伝わるはずです。

親の考えどおりにすべてを完璧にできないかもしれませんが、子どもは、次第に自分で判断して行動するようになります。

そういう能力を育てるのも、親の言葉かけ次第なのです。

＊できるだけ表情豊かに話す

男の子は表情を読むのが苦手なため、身振り手振りを交えて話すほうがより伝わります。

暗い堅い表情で「今日もがんばろう！」と言っても、あまり（ほとんど）子どもたちの心には響きません。

でも、笑顔で、こぶしを握って「今日もがんばろう！」と呼びかければ、子どもも元気になれます。

なかには、自分も両手でこぶしを握って「がんばるぞ！」と返す子もいます。

とくにお母さんが笑顔で子どもに話しかけると、子どもは親の顔をよく見ますし、元気になれます。

＊興味のある話題を選ぶ

子どもが興味をもてることを話題にするとよいです。

たとえば、友だちをたいせつにしようという話でも、「アンパンマン」を主人公にする話なら子どもはよく聞きます。

「アンパンマンは、困っている子がいたら助けてくれるよね。おなかが減っている人には、自分の顔を食べさせるくらい。まわりに困っている人がいたら、○○ちゃんもアンパンマンみたいになって友だちを助けてあげようね」という具合に。

＊もの、絵、図、カードなど具体物を使う

ものを手に持って、見せながら、あるいは動かしながら話をすると、注意を引きつけられます。

とくにその子が好きなもの（車のおもちゃや虫など）を使って話すとよいでしょう。

また、言葉だけではわかりにくいことは、絵や図やカードを使って話すと、より集中して聞きます。

聞きなれない言葉も、カードという具体物なら、子どもたちの頭に残ります。

たとえば、小学1年生の子にバス停での乗り降りの仕方を説明するときには、そのバス停の名前のカード（たとえば「三原団地」「本原一丁目」など）をつくって話すと、ついでにその漢字も覚えてしまいます。

＊＊＊
ハッピー
ヒント
＊＊＊

話を聞かせる
ちょっとした工夫をする。

親は男の子の会話力を伸ばす最高の先生

親の悩みとして、男の子があまり話をしてくれないということがあります。

幼稚園や保育園、学校から帰ってきて、「今日は、どうだった？」と聞いても、せいぜい「たのしかった」「おもしろかった」という程度のようです。「何がたのしかった？」「何がおもしろかった？」と聞いても、「いろいろ」「わかんない」というあいまいな返事が返ってくるのが男の子です。

この点、女の子は、違います。

「今日、おひるやすみにね、おにごっこして遊んだんだよ。とも子ちゃんが転んで、みんなしんぱいしたけど、先生がほけんしつにつれていってくれたの。それで、ほけんしつでおくすりぬってもらって、とも子ちゃんも、またおにごっこしたの。ドキドキしたけど、楽しかったなあ。それからね……」としゃべりまくります。

この男の子と女の子の会話量の違いは、中学、高校になっても変わらないように思います。

もちろん個人差はありますが、これは男の子と女の子の脳（言語中枢）の違いによります。

男の子の会話量が少ないからといって、心配することはありません。

会話はキャッチボール、たがいに受けとめ合おう！

ただ男の子がしゃべらないからといって、お母さんが代わりにしゃべりすぎると、男の子の言語能力を伸ばすチャンスを逃してしまいかねません。

たとえば、「先生にほめられたよ」と言ったとき、お母さんの受けとめ方で、子どもの話し方は変わります。

お母さんには、「先生にほめられたよ」だけでは、もちろんまったく何のことかわかりませんね。そんなとき、「何をほめられたの?」「どうしてほめられたの?」「何て言ってほめられたの?」と、知りたいことを一方的にたたみかけるような質問をしがちです。

これでは男の子は話しづらくなります。

また、「ほんと?」「冗談でしょ」などと言って疑ったり、「あら、めずらしいわね」「どうせ、みんな、いっしょにほめられたんでしょ」と言って否定的に受けとめたりするのも、アウトです。プライドを傷つけられ、無口になります。

こんなときは、**まずはお子さんの言葉をそのまま受けとめてあげてください。**


「そう、ほめられたの」

「うん」

「よかったね。うれしかった？」

「うん。うれしかった」

「お母さんもうれしいな。でも、ほめられただけじゃ、よくわからないな」


そうしてお子さんをじっと見つめて待っていれば、何か言ってくれるものです。


「やすくんがけしゴム、わすれたんだよ」

「そう、やすくんがけしゴム、わすれたの」

「うん、それでこまってたの」

「そう、けしゴムがないから、やすくんはこまったんだ」

「うん、だからぼくがかしてあげたんだ」


こんなふうに、**一つひとつ受けとめることで、無口な男の子でもポツリポツリとでも話してくれるものです。**

男の子の会話力は親次第

親が子どもの話を聞いてあげると、子どもの会話能力はだんだん向上していきます。

もちろん、幼稚園や学校でも子どもは会話能力を伸ばすことができます。

それでも、1クラス30人もいる中では、授業中にすべての子が発言できるわけではありません。発言したとしても、一言か二言。

先生も一人の子の話を個人的に聞くことは、特別に時間をとらなければむずかしいことがほとんど。それが実情です。

けれども、親がわが子の話を一対一で聞けるチャンスは、朝夕の食事のとき、おやつのとき、あるいは車の中などと、けっこうあるものです。

そういうときに、**親が子どもの話に耳を傾けてやれば、会話能力をぐんぐん伸ばすことができます。**

＊＊＊
ハッピーヒント
＊＊＊

親が聞き役にまわりながら、会話のキャッチボールを楽しむ。

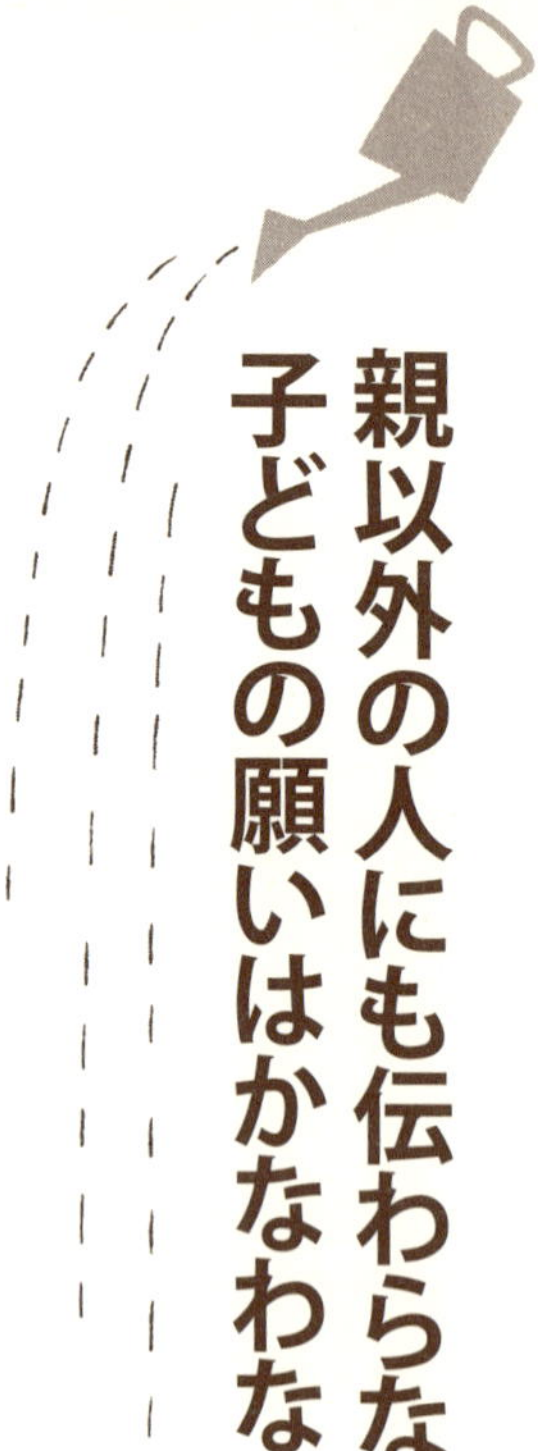

親以外の人にも伝わらなければ、子どもの願いはかなわない

男の子は、「おやつ」「おふろ」「パンツ」などと、短い単語でコミュニケーションをとろうとする傾向があります。

これは、家庭内で、親には通じるコミュニケーションでしょうが、幼稚園や学校、一般社会ではまず通じません。

ですから、**親以外の人にも伝わるような話し方ができるように訓練することが必要です。**

「どうしたの？」で、しばらく待つ

たとえば、教室で体育のあとの着替え中に、小学1年生のある子が私のところまでやってきてこう言ったことがあります。

「ん、んん……」

彼が着替えをしていて、ボタンがなかなかとめられないのは見ればわかります。

先生にボタンをとめてほしいと思っていることもわかります。

そして、この子の家ではこのように「ん、んん……」と訴えれば、誰かが助けてくれたのだ、そういう育てられ方をしてきた子なのだとも察しがつきます。

もしも、あなたが、この子のクラス担任であればどうするでしょうか。

私はこれまで、このように対応してきました。

「○○くん、どうしたの？」

すると、その子は言います。

「先生、ボタン……」

「○○くん、ボタンができないから先生にしてほしいんだね。それじゃあ、こう言いなさい。『先生、ボタンができないので、してください』って」

そう聞くと、その子は私を見て言います。

「先生、ボタンができないので、してください」

つまり、その子はちゃんとそういうふうに言えるのです。

私はそういうとき「よく言えたね」とほめてあげます（そのあと、「ボタンは自分でするものだから自分でやりなさい」と言いますが……）。

このケースのように、身近な人だったら、「ん、んん……」でも「ボタン」でも通じます。親切な人なら、その子の思いを察して、なんとかしてあげるでしょう。

しかし、**子どもが将来、より広い社会に出て行って、自分の思いや願いをかなえることができるようにするためには、自分のことを知らない相手にもきちんと自分の気持ちが届く言葉づかいをさせなければならないのです。**

「○○じゃ、わからないよ」で、言い直しをさせる

家庭でも、子どもが親に言う言葉も単語ではなく、文で言わせたらよいと思います。

子どもが「おやつ」と言うときは、穏やかに「おやつ、じゃわからないよ。おやつをどうしたいの？」と聞けばよいのです。

すると、子どもは頭をはたらかせて、自分の思いをいろいろな表現で伝えようとするでしょう。

例　「おやつ」

↓

「おやつを食べたい」

大谷ゆみこ

妊娠中から産後、授乳中、離乳期まで

赤ちゃんとママのつぶつぶ雑穀マタニティごはん

おいしくって毎日かんたん！　雑穀のもつ特性をマタニティ期に特有の症状などに合わせておいしくシンプルに活かし、ナチュラルで健康なマタニティライフ＆育児を応援する簡単ごはんのレシピ集。

ISBN978-4-313-87130-4 ●定価1890円

大葉ナナコ

35歳からの出産のさまざまなメリット!

35歳からのおめでたスタンバイ

35歳からの出産は人生にやさしい！ いまのあなただからこそ楽しめる、満ち足りた妊娠・出産のためのワクワクする情報がいっぱい！ 自分の産みどきを知るチャートから、35歳からの自然な妊娠・出産の情報まで、「私も産める！産みたい！」と思う情報が満載！

ISBN978-4-313-66042-7 ●定価1575円

萩原 光

「困った子」がみるみる「いい子」になる方法!

ちょっと気になる子の育て方

子どもがこんなに素直になるなんて！かんしゃく、気むずかしい、言葉が遅い、落ち着かない…そんな子がみるみる変わる！　子どもがだんだん素直に甘えてきて、かわいくてたまらなくなる方法がいっぱい！　子どもと一緒にいるのが楽しくなってくる一冊です！

ISBN978-4-313-66045-8 ●定価1575円

柴田愛子

子育てでいちばん大事なこと

子どもを叱りたくなったら読む本

子どもに毎日イライラ、ガミガミ！ でも、ほんとにこのままでいいのかな…？そんなふうに悩んでいるママにおすすめ！ 体当たりで子育てして、子どもを叱ったり、悩んだり、そんなママを応援する本！ 読むと子育てがちょっとラクになってくる一冊。

ISBN978-4-313-66038-0 ●定価1575円

柴田愛子

もっとラクに乗り切るコツ

子どもの「おそい・できない」が気になるとき

言葉の発達が遅い、ほかの子をぶってしまう、幼稚園・保育園・学校に行きたくないというなどなど、子育てで「困った！」とお母さんが悩むことについて、ひとつひとつ、どんなふうに子どもにつきあうとよいかを教えてくれる本。悩めるママがほっとできる一冊です。

ISBN978-4-313-66044-1 ●定価1575円

北村年子

子育てがラクになる自己尊重トレーニング

おかあさんがもっと自分を好きになる本<新装版>

いいかげんママでいいのだ！　幸せな親のもとには幸せな子どもが育ちます。この本には、まずおかあさんが自分にやさしくする方法がいっぱい！　自分や子どものいいとこ探し、夫や友人に自分の気持ちを伝える自己主張トレーニングなど、ママと子どもの自信を育てる楽しい一冊！

ISBN978-4-313-66043-4 ●定価1470円

きくちさかえ　**妊娠・出産とゆったり向き合うための本**

お産のレシピ

ISBN978-4-313-66052-6
●定価1680円

安産は自分でつくる！　産院選びのポイント、出産法、からだの整え方やエクササイズ、ヨーガ、医療的基礎知識、お産のシミュレーション、産後のからだとこころのケア……妊娠・出産・産後に役立つ“ポイント”と健康で安心してお産に臨むための“備え”を具体的にアドバイス。

加納美智子　**シュタイナー幼稚園からの子育てアドバイス**

今日からできる7歳までのシュタイナー教育

大事なことほど静かにささやくように話しかける、子どもの生活のリズムを整える、子どもと一緒に遊んでみる…そんな小さなことからやさしくはじめられる、おうちでできるシュタイナー教育。親だからできること、小さなことからはじめられる一冊。　ISBN978-4-313-66031-1 ●定価1575円

ラヒマ・ボールドウィン　合原弘子 訳　**子どもの魂の、夢見るような深みから**

親だからできる赤ちゃんからのシュタイナー教育

学校に行く前の幼児期のシュタイナー教育を、幼稚園教師の著者が分かりやすく解説。どんなおもちゃがいいのか、だだこねにどう対処するか、生活習慣の身につけ方をはじめ、テレビやお絵かき、歌、ままごとなど、一つ一つ具体的にアドバイス。シュタイナー育児書の決定版。　ISBN978-4-313-66016-8 ●定価1680円

ヘルマン・ケプケ　合原弘子 訳　**自立へと向かう遙かな旅**

反抗期のシュタイナー教育

親に対して批判してみたり、何もしゃべらなくなったり。さまざまな陰影を見せるようになる思春期。シュタイナー学校の生徒も例外ではありません。でもその時見せる大人たちの対応はぜんぜん違います。あるシュタイナー学校に舞台を借りて、子どもへの接し方をお話しします。　ISBN978-4-313-66026-7 ●定価1680円

松井るり子　**親だからできる幼児期のシュタイナー教育**

七歳までは夢の中

3人の子を育てる著者は、アメリカのシュタイナー幼稚園に長男を通わせ、保育にも参加した体験を母親の眼で紹介しながら、わが家の子育てにどう活かしているか語る。母と子の至福の時を大切にする姿勢に、同感・感動の反響が多数寄せられている。

ISBN978-4-313-63027-7 ●定価1427円

グループこんぺいと 編著　**ちょっとの工夫で子どもがみるみる自立する！**

怒らないしつけのコツ

イラストでわかるしつけのコツ！　ほんのひと工夫で、子どもが自分から楽しんでやりたくなるアイデアがいっぱい！　しつけが楽しくなって、ママもパパも子どももハッピーになれる一冊！　マナーや生活習慣まで、しつけのポイントがこれ一冊でばっちりOK！　ISBN978-4-313-66046-5 ●定価1470円

野呂美加　子どもたちを守るためのからだとこころのケア

チェルノブイリから学んだ お母さんのための放射能対策BOOK

19年におよぶチェルノブイリ被災児童の保養活動から学び、経験し、集積し続けてきたことをもとに、子どもたちを親としてしっかりと守っていくための具体的な方法やヒントなどを、同じ母親の立場からやさしくアドバイス。　ISBN978-4-313-66056-4 ●定価1365円

若松亜紀　ことばを変えると、子育ての悩みがスッキリ解消！

もう怒らない！ これだけで子どもが変わる 魔法の“ひと言”

ISBN978-4-313-66055-7 ●定価1470円

毎日、がみがみイライラ怒りながら繰り返してしまうことばを、魔法の“ ひと言 ”に変換していくだけで、子育ては驚くほどラクちんに。子どもの考える力、個性や自信を伸ばしながら、親子の笑顔も引き出してくれるハッピーコミュニケーション術。

東ちひろ　みるみるやる気になる！ 素直に変わる！

子どもが伸びる！ 魔法のコーチング

子どものワガママ、めそめそ、やる気のなさを、コーチングがスッキリ解決！　子育てコーチングの現場から、伸びる子が育ち、イライラも解消する子育てのコツを大公開！　コーチングの方法を使うだけで、子どもがやる気になり、親子の関係もぐんぐん仲良しに！

ISBN978-4-313-66054-0 ●定価1365円

池川 明　カンタンで楽しい胎話のすすめ

おなかの赤ちゃんと話せる本

「ママが話してくれたのおぼえてるよ！」 おなかにいるときから話しかけられた子どもほど、ポジティブな記憶をもって生まれてくるって知ってますか？　妊娠したら始めたい、親子の絆づくりの方法がわかる本。　ISBN978-4-313-66051-9 ●定価1260円

池川 明　胎内記憶からわかった子育ての大切なこと

赤ちゃんと話そう！ 生まれる前からの子育て

赤ちゃんはおなかの中にいたときのことを覚えてるって知ってますか？ 3500人以上を対象とした大規模アンケートからわかった赤ちゃんの記憶とは？　赤ちゃんたちの声が教えてくれる、子どもとママにやさしいお産・子育てがわかる一冊！

ISBN978-4-313-66032-8 ●定価1470円

「おやつを食べていい？」
「おやつを食べたいけど、いま食べてもいいの？」
「お母さん、今日のおやつは何をつくってくれるの？」

自分の思いや考えを伝えるために、頭をはたらかせ、相手に伝わるように表現するようになっていきます。

このように親が日常的な言葉づかいをちょっと意識するだけで、子どもの思考力は伸びていきますし、言語表現も豊かになっていきます。

＊＊＊
ハッピー
ヒント
＊＊＊

自分の思いが届くように伝えさせる。

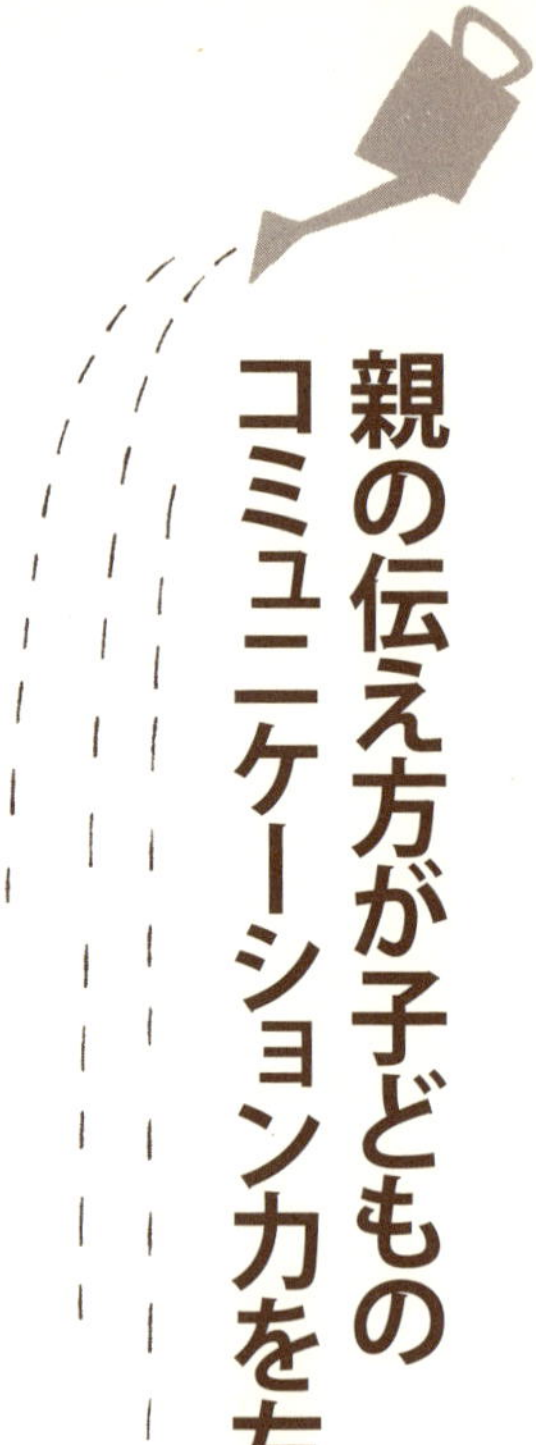

親の伝え方が子どものコミュニケーション力を左右する

子どもが単語ばかりで伝達しようとする背景には、親のマネをしている場合があります。

ですから、**親も省略せずに伝えるということを意識するとよいです。**

ところが、やや感情的になっているときは、誰でも投げつけるような厳しい言葉の言い方になりがちです。それでは子どもは受けとめられません。

言い方を少し変えるだけでよい

以前、レストランで食事をしているときに、となりの親子の会話が聞こえてきたのですが、若いお母さんが4歳くらいの男の子に矢継ぎ早にこう言っていました。

「ほら、お箸！　ひじ！　ちゃんとしなさい」

その子は、そう言われて、お箸を動かしたり、ひじを見たりするのですが、すぐには改まりません。

その子を見て、私はこの年齢なら仕方ないなと思ったのですが、当のお母さんは、

「もう、ちゃんとしないと、今度から連れてこないからね」

そう言って、かなりご立腹なようすなのです。

子どもは、いまにも泣き出しそうでした。

それを見ていたお父さんが、割って入り、穏やかな声でこう言いました。

「〇〇ちゃん、お箸をこういうふうに持ちなさい」

すると、その子はお父さんのマネをして箸を持ちかえました。

「じゃあ、今度はひじをつかないで食べなさい」

すると、その子はひじをテーブルから上げました。

「よし、それでいいよ」

お父さんはにっこり。

子どもはお母さんの顔を見て、「これでいいの?」という表情でした。

お母さんは、「〇〇ちゃんは、パパの言いつけはよく聞くわね。ママの言うこともちゃんと聞いてね」と言っていました。

私は、このお母さん、ちょっと勘違いをしているなあと思ったものです。

読者の皆さんは、もうおわかりでしょう。

この子がお母さんの言うことを聞けなかったのは、お母さんの言葉の使い方にあります。

お父さんは、言葉を省略せずに伝えていました。

しかも、穏やかに、動作も交えて。

ですから、子どもは受け入れることができたのです。

さらに、お父さんは「よし、それでいいよ」と笑顔で認めてあげていました。

このようなことをお母さんもしていたら、同じように子どもは反応していたと思うのです。

子どもがキャッチできる言葉にする

ある親は怒っているとき、「どうしてそんなことするの？」「ちゃんとしなきゃダメでしょ」「どこ行くの？」とやや感情的になって叱りつけます。

しかし、子どもは、どうやら怒られているのはわかるけれど、どう行動すればよいのか、よくわかりません。

子どもに指示をする場合は、具体的にどうすればよいのか、子ども自身がわかるように言ったほうがよいのです。

例「どうしてそんなことするの!?」↓「生き物をいじめたらダメよ」

「ちゃんとしなきゃダメでしょ！」↓「椅子にすわっておこうね」

「どこ行くの!?」↓「戻っておいで」

穏やかに具体的に言えば、子どもは受け入れやすいのです。

教師が授業をするときもそうですが、あいまいな言葉では、子どもはどうしてよいかわからず、あるいは思い思いに解釈して、混乱します。

しかし、**的確な指示があたえられれば、たいていはその通り動くものなのです。**

子どもをしつけるとき、言葉を省略せずに具体的に伝えることを意識しましょう。

そういう言い方を親がしていると、子どもも人に自分のメッセージを伝えるとき、相手がわかるように配慮して言葉を選ぶ能力を身につけていくようになります。

＊＊＊
ハッピーヒント
＊＊＊

子どもへの指示は省略せずに具体的に伝える。

クイズの出し合いが会話と思考のトレーニングになる

「おかあさん、アメリカと日本の間には何があるか、知ってる?」

子どもがお母さんにクイズを出します。

「なあに、いきなり。海でしょ」

「違います。ざんねんでした」

「じゃあ、空気かな」

「違います。またしてもざんねんでした。正解を言いまーす。アメリカと日本の間には、『と』があるのでーす」

「そっかー、やられたー」

大人どうしならバカバカしい会話ですが、子どもは大喜び。

クイズやなぞなぞは、子どもの言語能力や思考力の発達のためにとても効果的です。

そして、会話の力もついてきます。
どうか、皆さんの家庭でも、子どものクイズに付き合ってあげてください。
台所で食事の準備をしながらでもできることです。
お母さんもクイズを出してあげるとよいと思います。

クイズが勉強の楽しさを引き出す

子どもはクイズやなぞなぞが好きです。

学校でも、授業でクイズの出し合いをさせると、おおいに盛り上がります。
私はよく学期の終わりに、班（グループ）対抗のクイズ大会をやりました。
1、2年生では、自分が知っているなぞなぞクイズの出し合いをさせたものです。
クイズ大会をすると、おもしろがって、その後、休み時間や放課後の帰り道でも友だちどうして、クイズの出し合いをして楽しむようになります。
クイズやなぞなぞが載っている本を研究し始める子も出てきます。
3、4年生では、おもに教科書を使って自分でつくったクイズを出し合いました。
出題範囲は、その学期に学習した教科書からと決めておいて、その場でクイズをつくらせ、班ごとにクイズを出し合って得点を競い合い、優勝を決めるのです。

別に賞品などなくても、子どもたちは盛り上がってやります。

その後は、もっと教科書を注意深く読むようになりました。

ちょっとした「疑問」が子どもを伸ばす

クイズではありませんが、**子どもが日常生活でもつ疑問や質問に付き合ってあげることは、子どもの思考力や言語能力を高めていきます。**

子どもにとって、見ること、聞くこと、読むこと、体験したこと、すべてが勉強になります。

親といっしょに買い物に出かけたり、自然の中で親子で遊びまわったり、動物園に行ったり、そういう経験はすべて子どもの勉強になります。

学校で教科書の文章を読んでも、教科書に書いていない現実や自分の体験と結びつけて、深い読み取りをするようになります。

子どもにとっては、すべてが勉強の機会になるのです。

家の中のものは、何でも教材になります。

たとえば、子どもが「この野菜はどこでできたの?」と聞くとします。

これは、まさにチャンスです!

そんなときには、「長崎県って紙に書いてあったわよ」と教えてあげるか、その紙を見せてあげるとよいでしょう。

わからなければ、店に聞きに行けばさらによいと思います。

そして、壁に貼ってある日本地図を見て、その野菜の産地をさがすとよいのです。

さらに、興味が続けば、その野菜がどこでどうやって栽培されて、運ばれて、店にならんでいたのかをいっしょに調べてもよいのです。

これは、本来は小学5年生の社会科で学ぶことで、日本の農業、運輸業、商業についての勉強にもなります。

でも、5年生まで待たなくてよいのです。

子どもが興味をもったことは、何でも教材にしてよいのです。

子どもが興味をもったことを通して親子の会話をします。

すると、子どもの言語能力や思考力はどんどん高められていきます。

＊＊＊ ハッピーヒント ＊＊＊

子どもにクイズ、質問を出してもらう。

COLUMN 3

男の子の「コミュニケーション力」をみるチェックポイント

男の子は、女の子のように活発に話ができなくても心配ありません。

小学校に入学するまでに、つぎのようなことができていれば、スムーズに小学校生活に入っていけるでしょう。

できているようであれば、□にチェックを入れましょう（括弧内は関連ページです）。

- □ 名前を呼ばれて「はい」と返事ができる（P28 ～ 29）
- □ 「おはよう」「こんにちは」などのあいさつができる（P28 ～ 29）
- □ 人の顔を見て話が聞ける（P72 ～ 75）
- □ 今日あったことやおもしろかったことを親に伝達できる（P80 ～ 83）
- □ 単語でなく文にして意思表示ができる（P84 ～ 87）
- □ なぞなぞやクイズの出し合いができる（P92 ～ 95）
- □ 友だちとケンカをしても仲直りができる（P144 ～ 147）
- □ 他の子たちと外遊びができる（P152 ～ 155）

第4章

将来の力になる基礎的学力を伸ばす

うちの子、国語が苦手そう……
どうすればいいの?

家庭学習の習慣をつける
リビングでの勉強

子ども部屋をあたえ、机を置き、椅子に座らせれば、子どもが集中して勉強できるかというと、必ずしもそうではありません。

子ども部屋にはマンガ、おもちゃ、集めているカードやガラクタのようなもの、あるいはパソコンなど、気を散らすものがまわりにたくさんあります。

男の子は、とくにおもしろいものが大好き。すぐに気を散らしてしまうでしょう。

リビングのほうが勉強しやすい!?

では、どうすればよいかというと、**リビングやキッチン、親の近くで勉強させるのです。**

私が受けもった小学生で、ほとんど宿題を忘れない子の多くは、低学年のうちはリビングで勉強していました。

「そのほうが集中できる」とその子たちは言っていたものです。

リビングやキッチンではお母さんが近くでご飯をつくっていたり、洗濯物をたたんでいたり、動きまわっています。

でも、それはいつものことなので、たいして気にならないそうです。

むしろ、「お母さんの姿が見えるほうが、なんとなく落ち着く」し、「わからないところがあったら、教えてもらえる」と、その利点を話してくれました。

これは教室で、子どもたちに自習をさせているときと似ているなあと思いました。

教室での自習のときでも、教師がいるだけで何も言わなくても、子どもたちの集中度は全然違うからです。

宿題が自分でやれて、家庭学習の習慣が定着するまでは、勉強部屋でなく、リビングやキッチンで勉強させてもよいと私も思います。

小学生の間において一番大事なのは、毎日わずかでも家庭学習をする習慣を身につけることです。

お母さんの目が届き、子どもも落ち着けるところのほうが、集中して勉強しやすいのです。

親ができることは勉強しやすい環境づくり

子どもの家庭学習の習慣づくりには、親のはたらきかけや支援が欠かせません。

子どもに「勉強しなさい」という前に考えていただきたいのは、**子どもが勉強しやすい環境を整えてあげるということです。**

たとえば、誰かがそばでテレビを見ていると、子どもは気が散ってしまうので、**子どもが勉強をしているときはテレビを消しましょう。**

そうすると、もっと集中して効率よく勉強ができますし、けじめもつけられます。

また、毎日でなくてもよいので、**子どもが勉強するそばで、家族の誰かが本を広げたり、書き物をしたり、知的な作業をしたりすること。**

横でいっしょに勉強している人がいると、モチベーションが上がって、もっと集中できます。

さらに、ちょっとむずかしいかもしれませんが、**食事を始める時間を決めること。**

これは勉強とあまり関係がないようですが、じつは、おおいにあるのです。

食事の時間が決まっていると、帰宅後の生活のリズムがつくりやすく、子どもは勉強しやすくなります。

ことに小学生の高学年から中学生頃になって、本格的に自分で学習計画を立てて試験勉強をするときに、効力を発揮します。

食事の時間が決まっていると、計画をつくるときに1日のタイムテーブルが立てやすくなりますし、計画を実行しやすくなるのです。

子どもが家庭学習の習慣をつけられるかどうかは、親次第です。

それが将来に獲得していく学力を方向付けます。

***
ハッピーヒント
***

リビングなど親の近くで勉強をさせて学習習慣をつける。

リビングに辞典や地図帳を置いておくと子どもは賢くなる

子どもは、ちょっとしたことに驚いたり、疑問をもったりします。

「どうして？」

「なぜ？」

子どもの疑問や質問は、ずばり勉強そのものです。

この**子どもの「どうして？」「なぜ？」は、「知りたい」「勉強したい」という意欲につながります。**

興味をもち、知りたいと思ったことを通して、知性がどんどんはたらき、磨かれていくのです。

疑問を親に投げかけて、親がどう対応するかで、子どもの能力はだんだんと決まっていきます。

親子で疑問をいっしょに調べる

このときの親子の対話は、子どもの思考力やコミュニケーション能力を伸ばします。

とくに、子どもが疑問を口にしたときが子どもの興味や関心、意欲をぐんぐん伸ばすチャンス。知っていれば、教えてあげればよいでしょう。

知らなければ、「どうだったかな？　いっしょに調べてみようか」とすることもできます。

そのためにも、**家庭のリビングに辞典や辞書、地図帳や地球儀を置いていると便利なのです。**

テレビニュースを見ていて、

「お母さん、イラクってどこらあたりにあったかなあ？」と聞かれたら、地図帳を手に取って調べることができます。

パッと地図帳を開けば、ついでにいろいろなことが目に入ってきて、さらに勉強が広がっていきます。

「あっ、カスピ海ヨーグルトのカスピ海って、こんなところにあったんだ」

また、「この赤い印、何？」という具合に、新たな疑問も出てくるでしょう。

「それは、その国の首都よ。ほらイラクの首都はバグダッド」

「ねえ、お母さん、首都ってどういうこと？」と聞かれたら、今度は国語辞典をいっしょに引けばよいのです。

すると、調べることに抵抗がなくなります。

たいていの国語辞典には、「その国の中央政府がある都市。日本の首都は東京」などと載っているのですが、それを見ると子どもは「中央政府って何?」「東京ってどこにあったかな」などと疑問が広がっていきます。

そうして、**調べることが好きになり、これから先、調べることを通して、さまざまな新しい知識を吸収していくことができるようになるのです。**

調べることを通して、知りたいことがわかり、知的喜びを得ることができます。

男の子はとくに、いったんこういう知的喜びのスイッチが入ると、親が面倒だと思うようなことでも、楽しんでやり出すようになります。

子どもを「先生」にする

そのうち子どもが調べることができるようになって、**親も知らないことを尋ねてきた場合、子どもに調べて教えてもらうとよいでしょう。**

「お母さん、よく知らないわ。調べてわかったら教えてくれる?」

そう伝えておくのです。

親もよく知らないことを調べるのですから、男の子にとっては、宝物を見つける冒険のような興奮があります。

「お母さん、お父さん、わかったよ！」

得意になって教えてくれるときは、感謝してあげてくださいね。

「まあ、そういうことだったの。勉強になったわ。教えてくれて、ありがとう」

そうやって親が感謝すれば、子どもは大喜びでしょう。

そんなちょっとしたことで、子どもはますます調べて学習することが好きになります。

＊＊＊
ハッピーヒント
＊＊＊

わからないことを子どもに調べさせて教えてもらう。

「読み聞かせ」が聞く力、読む力、集中力などをぐんと伸ばす

聞く力の弱い子、とくに男の子におすすめしたいのが「読み聞かせ」です。

最近の男の子はやたらと落ち着きがなく、人の話をきちんと聞く力に乏しい傾向があるようです。

そういう子に、「しっかり話を聞きなさい」と注意しても、一時的にはできるのですが、長続きしません。聞く力の土台となる集中力や持続力が弱いからです。

ことに、テレビやテレビゲーム漬けの子どもに、その傾向が強いように思えます。

学校でも社会でも、人の話がきちんと聞けるということは、とてもたいせつです。

なぜなら、情報の多くは、人から聞くことによって得ることができるからです。

学力を獲得する点でも、聞く力は読み書き以前の基礎的な能力なのです。

たとえば、朝礼で校長先生の話があった直後、教室で子どもたちに「今日はどんな話だったかな」と尋ねてみると、その内容をしっかり聞いて覚えている子もいれば、まったく覚えていない子もいます。

理解力、記憶力、表現力に違いがあるのは当然ですが、聞いたことを理解し、記憶し、第三者に伝えるためには、まず人の話をしっかり聞くことがどうしても必要なのです。

「読み聞かせ」で心は豊かに、絆も深まる

では、どうすれば聞く力がつくのでしょうか。

家庭でもカンタンにできて、効果的なのが「読み聞かせ」です。

時間は、10分間ほどでかまいません。子どもの年齢や興味に合った絵本や童話を読んであげるとよいでしょう。

続けると、必ずや子どもに聞く力や集中力が育ちます。

感動をさそう物語なら、情感豊かな子どもに育ちます。

文字や本に興味をもち、読書好きの子どもになります。

それ以前に、子どもは喜び、親と子の絆が深まるでしょう。

児童文学者である松居直さんは、幼い頃、お母さんが絵本を読んでくれたことで至福のときを過ごしたと、いまでもありがたく思うそうです。

仕事で忙しく疲れているお母さんが、自分のために夜寝る前に読んでくれることで、幼心にお母さんの愛情をめいっぱい感じることができたからです。

松居さんが大人になって福音館書店を創設し、長く絵本づくりの立派な仕事ができたのは、その幼児体験のおかげかもしれません。

同じ本を何度も読んでよい

講演会で、私はいつも読書や読み聞かせのたいせつさをお話しします。

ある講演会のあと、小学生をもつお母さんがこんな質問をしてきたことがありました。

「うちの子は、ある本が好きで、そればっかり読んで読んでとせがむんです。親としては、他の本にも目を向けてほしいのですが、どうなんでしょう？」

私はそれに対して、つぎのようにお答えしました。

「何度も何度も同じ本を読んでもらったり、読んだりできるってすばらしいことですよ。歌人の俵万智さんは、3歳のときにある本がすごく好きで、お母さんにその本ばかり読んでもらっていたそうです。そのうち、その本を全部暗記して、そらで言えるようになってしまったとのこと。俵さんが、その後、読書が好きになり、短歌の世界に入って活躍されるようになったのも、そういう幼児体験があってのことではないでしょうか」

母親になった俵万智さんも、息子さんにせがまれて、読み聞かせのとき、「もっかい！　もっかい！」とせがまれることがあるそうです。

そんなふうに**子どもが同じ本を何度も「読んで、読んで」と意欲をもつことはよいことです。**

そんな本に出合えたということも、すばらしいことです。

どうか無理のないように、何度でも読んであげてください。

私もクラスの子どもたちに、よく読み聞かせをしてきました。

浜田広介著『泣いた赤おに』、ハンス・ウィルヘルム著『ずーっと　ずっと　だいすきだよ』、斎藤隆介著『花さき山』、ウィーダ著『フランダースの犬』など。

子どもたちのキラキラ光る目の輝きと笑いと涙が、そのわずかな時間に生まれました。

そうして、読んであげた本を、子どもたちは競って自分から読むようになりました。

読み聞かせは、聞く力を高め、心を豊かにし、未来を切り拓く教育なのです。

＊＊＊
ハッピーヒント
＊＊＊

「読み聞かせ」で心を豊かにし、絆を育む。

読書をすると学力的にも人間的にも成長していく

「読書は一番の勉強」

私が勤務していた学校では、子どもたちに、「読書は一番の勉強」と言っています。

読書が進んでできる子どもは、いま多少テストの点がよくなくても、だいじょうぶです。**読書が習慣化していると、しぜんと国語の力がつくからです。**

国語はすべての教科の基礎となります。

私は中学校で社会科を教えたことがありますが、国語の成績のよい子は社会の成績が悪くなることはまずありません。

社会科の教科書はよくできているので、基本的に自分で教科書の文章がすらすら読めて理解できれば、テストには対応できるのです。また、理科でも算数でも、教科書やテストは文章で説明されているので、まず文章が読めなければなりません。

はじめて取り組む算数の応用問題を一度か二度読んで、「意味がわかりません」と言う子がよくいますが、たいていは文章の読解力の弱い子です。

読書は、他の教科にも必要な読解力と語彙力をつけてくれるのです。

さらに、**読書をしていると、幅広い知識を身につけることができます。**

社会科でも理科でもすべての教科で言えることです。

教科書や授業で学習したことをきっかけに、自分が興味をもった分野や人物に関する本を探して読めると、幅広い知識がどんどん身についていきます。

その幅広い知識の蓄積は、目先のテストでは必要ないかもしれませんが、将来きっと役に立つのです。

それに、読書は心に栄養をあたえます。

読書は心を耕し育てる行為です。

本を読むことによって、子どもも大人も人間として成長していきます。

一九九八年に開催された第26回国際児童図書評議会（IBBY）ニューデリー大会で、美智子皇后様が「子供の本を通しての平和——子供時代の読書の思い出」という基調講演をされました。

美智子皇后様のはじめての講演とあって、テレビでも放映され大好評を博し、その基調講演を収録した本も出版されています。その講演の中で、皇后様は、子ども時代に読まれたさまざまな本やその読書体験を回想されながら語られました。

今振り返って、私にとり、子供時代の読書とは何だったのでしょう。

何よりも、それは私に楽しみを与えてくれました。そして、その後に来る、青年期の読書のための基礎を作ってくれました。

それはある時には私に根っこを与え、ある時には翼をくれました。この根っこと翼は、私が外に、内に、橋をかけ、自分の世界を少しずつ広げて育っていくときに、大きな助けとなってくれました。

美智子『橋をかける』一三三頁（すえもりブックス、一九九八年）

皇后様がおっしゃるように、**読書は、子どもたちが悲しみに耐え得るしっかりした「根っこ」を育て、生きる喜びに向う強い「翼」を育てるのです。**

読書好きな子に育つ「読書日記」「10分間読書」

私の勤務していた小学校では、家庭でも読書をするようにすすめています。そのため、小学1年生の5月から、「読書日記」という宿題を出しています。

「読書日記」とは、読んだ本のタイトルとページ数を書くだけのカンタンなもの。

読む本、読むページ数、時間は自由です。ただ、これを毎日、担任に提出します。

担任は、毎日、その日の欄にハンコを押して返します。

このやり方なら、男の子でも長続きします。

続けるうちに、子どもは読書が好きになり、読書が習慣となっていきます。

読書日記は、1年間分ファイルに綴じれば、自分の個人読書記録になります。

おかげで、一つのことを続ける力も養われ、見える形で残すことができましたし、なによりも読書好きの子がたくさん増えました。

家庭でも子どもが読書を好きになるように、ぜひ何か小さな取り組みをしてみてください。

たとえば、いっしょに「10分間読書」をすることはすばらしいと思います。

親にも子にも、よい勉強の機会になるでしょう。

＊＊＊ ハッピーヒント ＊＊＊

読書は一番の勉強。

子どもはむずかしい漢字でも本当は好き

漢字に強くなれば、内容豊かな言葉をたくさん覚え、味わうことができます。

そうすれば読む力もついて、読書が楽しくなり、国語力はぐんぐんついていきます。

漢字はむずかしいから、子どもは嫌がるかというと、そうでもありません。

子どもは漢字が好きです。

男の子は、何度も同じ漢字を練習するのはめんどくさがっても、新しい漢字を勉強することには意欲的です。

とくに、読むのは好きです。

漢字指導において第一人者である教育学博士の石井勲先生は、長年の研究の結果、つぎのようなことを主張されています。

①低学年の子どもほど、ひらがなより漢字のほうが読むのはやさしい。
②漢字の読み書きを同時に学習するより、まず読めるようにしたほうがよい。
これには、私も賛成です。

ところが、現在の学校の国語教育では、まずひらがなから、そしてだいたい画数の少ない漢字から読みと書きを順に習わせることになっています。

また、その学年で教える配当数（1年生なら80字）も決められています。

しかし、実際に教えてみると、小学1年生でも、小学6年生の配当漢字を難なく読めるようになるのです。

いやむしろ、**幼い子どもたちは漢字を絵や図のようにイメージでき、興味をもってどんどん覚えていくことができます。**

小学1年生はすぐに漢字を読めるようになる

私は小学1年生の担任のとき、入学式の日から子どもたちに漢字を教えました。

「学校」「一年生」の読み方を尋ねると、すでに読める子どもが多かったものです。

「四月八日」「月曜日」などは、教えてあげればすぐに読めるようになります。

昔話を語りながら、登場してくる「熊」「お団子」「川」などの漢字のカードを見せていくと、話が終わったときは全部読めるようになっています。

日常的にも、子どもたちへの連絡として、黒板にわざと漢字を使って書きました。

おはようございます。
朝の会に先生が来るまで、
教室の机の中を整理して、
読書をしましょう。

すると、みんな、これを読んで、読書をしながら待っていてくれます。

「教室」「机」「整理」「読書」も2年生以上で習う漢字ですが、子どもたちは日常的によく耳にしますし、目にします。

そういう漢字は、その配当学年まで待たずに、ふつうに使っていれば、子どもたちもしぜんに読めるようになります。

親子で漢字学習を楽しむ

家庭でも、子どもに漢字を教えることができます。

机の前に子どもを座らせて、親が横について教え込むよりも、むしろ、**親子でいっしょに漢字学習を楽しむという感覚が大事です。**

漢字カードやカルタ、絵本などを使って、遊び感覚、ゲーム感覚で漢字に親しむように工夫してやります。

漢字に興味をもてば、「お母さん、あれ、なんて読むの？」と聞いてきます。

「幼稚園」「学校」「病院」など、社会でふつうに使われている言葉や自分の住んでいる市町村の名前などは、むしろそのまま教えてあげたほうがよいのです。

そのほうがしぜんで役にも立ちますし、興味をもっているときがチャンスなのです。**子どもはどんどん吸収して、漢字を読めるようになっていきます。**

理屈っぽい男の子には、漢字の由来、成り立ちを教えるような辞典をあたえると、自分でどんどん調べ始め、まわりの子から漢字博士と言われるほど熱中することもあります。

＊＊＊ハッピーヒント＊＊＊

むずかしい漢字でもあえて使う。

国語辞典はひらがなが読めれば今日から使える

人間は、おおむね言葉で物事を理解し、考えます。

また、多くは言葉で自分の考えを表現し、伝えます。

言葉をよく知っている人は、その点が有利です。

子どもが学校の授業でもそれ以外の場面でも、よりよく理解し、思考し、表現できるようになるには、語彙を豊富にさせることがたいせつです。

そのためには、読書が最適ですが、辞書に親しむという習慣も欠かせません。

作家の吉川英治さんは、百科事典を読み物として繰り返し読んだそうです。

ですから、作家仲間でも誰も知らない言葉の意味を吉川さんだけが知っているということが多々あったようです。

辞典を引くのを楽しくさせるコツ

小学生でも、日常生活の中で、ちょっと目にしたり、耳にした言葉を国語辞典で引いてみたりするだけで語彙は豊富になります。

国語辞典の使い方は、学校では、ふつう小学3年生で習います。

でも、私が小学1年生の担任をしていたときには、1学期の5月から全員に国語辞典を持たせました。

全員が4月までにはひらがなが読めるようになっていますから、引き方さえ教えれば、1年生でも国語辞典はすぐに引けるようになります。

ただし、**たいせつなポイントは、小学1年生でも引けるふりがなつきの辞典でなければなりません。**

また、**もう一つ、国語辞典を子どもが喜んで引けるようになる重要なポイントは、「付せん」を使うということです。**

それは、100円ショップや文房具店などで売っている小指サイズの色つきのものです。

たとえば、先生が「国語辞典で、『たのしい』をさがしなさい」と問題を出します。

子どもたちはいっせいに国語辞典を引き始めます。

そして、見つけた子は、先生が用意していた付せんを一枚もらいに来るのです。

その付せんに「たのしい」と鉛筆で書いて、国語辞典の「たのしい」が載っているページに貼り付けていきます。

それが、一つの言葉を見つけたという目に見える印として残ります。

そういうことをずっと繰り返しているうちに、子どもたちの国語辞典は色とりどりの付せんでいっぱいになります。

それがまた、子どもたちにはうれしいのです。

一度調べた語句のページに付せんを貼るという方法は、立命館小学校の元校長の深谷圭助先生が考案された方法です。

自分のしたことが目に見える形で残っていくことで、達成感が生まれ、もっと調べたいという意欲がでてくるのが、このやり方のよいところです。

とくに男の子は競争好きですから、競って言葉を引くようになり、辞典を引くことにのめり込む子もいます。

そうして、子どもたちは辞典を引くことに慣れてきて、言葉も豊かになっていくのです。

一家に一冊、国語辞典！

家庭では、リビングに一冊国語辞典を置いておき、子どもが興味をもったり、意味がわからなかったりする言葉を調べさせるとよいと思います。

はじめは、親が手本を見せます。

最初は、男の子が喜びそうなおもしろい言葉がよいでしょうね。

そのうちいっしょに調べ、調べてわかる楽しさを味わうようになれば、自分で国語辞典を引くようになります。

できれば、付せんも用意しておき、引いたページに自分で貼らせてください。

子どもにとっては、その付せんが増えていくのも、楽しみになります。

そして、「へえ、こんなに付せんが増えたの」と、ときどきは見てあげましょう。

子どもは認めてもらえると、ますますやる気がでます。

付せんがいっぱいになるにつれて、国語辞典に親しみ、語彙が豊かになり、自分で調べることを楽しめる子どもに育っていますよ。

＊＊＊ ハッピーヒント ＊＊＊

国語辞典と仲良しにさせる。

子どもは俳句も好き

私は小学1年生にも俳句を教えていました。

はじめは、黒板に一つの俳句を選んで書きます。もちろん漢字交じりです。

春風や　闘志いだきて　丘に立つ　　高浜虚子

私が音読したあと、子どもたちにも音読させ、意味も教えます。

俳句とは、五、七、五の音の計十七音でできている世界一短い詩であること。約束事は、季節を表す言葉（季語）があることも教えます。

「いま読んだ俳句の季語は何ですか？」

そう聞くと、たいていの子は「春風」と答えられます。

その俳句は、カードに書いて1週間は黒板に貼っておき、毎日、朝の会のときに音読させました。すると、ほとんどの子が、その俳句を暗唱するようになります。

親子でいっしょに俳句をつくろう

家庭でも、俳句をつくることはできます。**親がつくった俳句カードまたは学習教材で市販されている俳句のカードなどを使って、1日に一句ずつ、親子で音読し、しばらく勉強部屋や居間の壁に貼っておいてはいかがでしょうか。**

自分で何度も見て、その俳句を味わうことができると思います。

自分で俳句をつくるのも、小学1年生にはむずかしいことではありません。

ただしはじめは、有名な俳句のマネをさせるのです。

たとえば、「春風や　闘志いだきて　○○○○○」と、○○○○○のところを自分で考えてつくってみようと言って、発表させます。すると、いろいろ出てきます。

例　春風や　闘志いだきて　サッカーだ
春風や　闘志いだきて　きゅうしょくだ
春風や　闘志いだきて　あそぼうね

ともかく楽しみながらつくってみて、「なんだ。自分にもつくれそうだ！」という感覚をもてればよいのです。

慣れてくると、季語をいくつかあげさせて、その季語を使ってつくらせます。

たとえば、春であれば、「はる」「うぐいす」「さくら」などを子どもはよくあげます。

例　学校で　はるにべんきょう　たのしいな
　　うぐいすが　なけばなくほど　はるがくる
　　雪とけて　あたたかくなり　さくらの木
　　たんぽぽの　空のおさんぽ　どこいくの

親子で楽しみながらいっしょにつくってみるとよいでしょう。

そして、できた俳句は、「よくできたね」「いいね」「おもしろいね」とほめてあげます。子どもの作品を受け付けている俳句コンクールもありますので、それに応募してみるのもよいですね。賞に入選すると励みになりますよ。

子どもがつくった作品を残そう

また、**家庭でもお子さんがつくった俳句を残しておいて、ファイルに綴じておいてあげるとよいと思います。**

こういうことは、男の子は苦手です。まずは親がやってあげましょう。

最初に親がしてあげれば、そのよさに気づいて自分でできるようになります。

私は小学1年生の担任のとき、子どもたちがつくった俳句や詩や毎月の読書日記や生活科で書いたさまざまなカードなどを、B5判のファイルに一人ひとり綴じさせていました。

そのファイルは、1年生の終わり頃にはぎっしりいっぱいになり、その1年の成長の記録となるものです。「この1年でこの子が成長できたのがよく実感できる」と、多くの保護者から感謝されたものです。

親といっしょにつくった「成長ファイル」は、後々、成長した子どものたいせつな思い出となり、一生の宝物になるでしょう。

＊＊＊
ハッピーヒント
＊＊＊

子どもが書いたりつくったりしたものを宝物にする。

親子日記、手紙で文章力がぐんぐん伸びる

作文も女の子が得意な分野です。

おおむね男の子は苦手とします。

男の子の中には、長い作文が書けないという子もいます。

語彙の豊富な女の子は、形容詞や副詞や動詞をどんどん増やして、こまやかな感情を表すのがうまくなっていきます。

一方、男の子は、出来事を並べるだけの子が多いのです。

そして、書きたいことだけ書いて満足してしまうのです。

作文が苦手な子は、書くことに慣れていません。

まずは、たくさん書かせて慣れさせることです。

一行でいいから書き始める

小学生の低学年なら、「日記」がよいと思います。「日記」を学校の先生が宿題にしてくれているのなら幸いです。おおいに励まして続けさせましょう。

学校の宿題がなかったら、**「親子の交換日記」**をしてみてはいかがでしょうか。

例 子「おかあさん、あのね、きょうのカレーライスおいしかったよ。またつくってね」
親「うれしい！ またつくってあげるね」

日記を単身赴任中の**お父さんにあてた手紙として書くのもよいでしょう。**

例 子「パパ、きょう、がっこうでせんせいにほめられたよ」
親「パパ、芳樹（子どもの名前）がおてつだいをしてくれました。わたしはたすかりました。よ」

そして、1週間分をコピーしてお父さんに送るのです。お父さんからも手紙が来たり、電話をもらったりして、会話できるチャンスが増えます。

ともかく、たいせつなことは続けることです。

文章を書くのは、子どもにとっては、結構、めんどうなことなのです。

ですから、子どもがたった一行であっても書いたのであれば、間違いは正してやりますが、文句を言わないでおきましょう。

むしろ、**一行でも欠かさずに続けていれば、喜びましょう。そして、ほめてあげましょう。**

そうすることで、モチベーションは上がります。

注意点は、親の番には、子どもが嫌がるようなことを書かないこと。

いつまでも残るものですから、子どもがあとで読んでうれしく思うことを書いていただきたいのです。

そうであればこそ、その「親子の交換日記」は、子どもの成長の記録として家宝のようにたいせつなものとなります。

一言でよいから手紙を書く

おじいちゃん、おばあちゃんにあてて手紙を書かせるのもよいことです。

もちろん電話でカンタンに話すこともできますが、手紙にはまた格別の味わいがあります。

「おじいちゃん、おばあちゃん、おくりものをありがとう」

「こんど、うんどうかい、みにきてね」

「おじいちゃん、おばあちゃん、げんきでながいきしてください」

短い文でよいのです。

もらった人は、まず喜びます。

すると、**子ども自身が書く喜びを味わうことができるのです。**

＊＊＊
ハッピーヒント
＊＊＊

書く喜びを味わわせる。

COLUMN 4

男の子が楽しめて大人も感動する絵本

とくに男の子が楽しめそうなおすすめ絵本10冊です。
ぜひ、親子で楽しんでみてください！

①『ぼく、仮面ライダーになる！』
（のぶみ作・絵、講談社、2010年）
　この「仮面ライダー」シリーズは、仮面ライダー好きの男の子がはまる絵本。

②『おまえうまそうだな』
（宮西達也作・絵、ポプラ社、2003年）
　このティラノサウルス（恐竜）シリーズは、大人も泣けてくるお話。

③『時の迷路――恐竜時代から江戸時代まで』
（香川元太郎作・絵、PHP研究所、2005年）
　遊び感覚でついついはまって楽しめて勉強になる絵本。

④『ぼくのおふろ』
（鈴木のりたけ作・絵、PHP研究所、2010年）
　こんなお風呂があったらいいなと、親子で楽しめる絵本。

⑤『だんごむしそらをとぶ』
（松岡達英作・絵、小学館、2000年）
　たくさんの虫が登場する創作科学絵本。虫好きな男の子におすすめ。

⑥『むしたちのうんどうかい』
（得田之久文、久住卓也絵、童心社、2001年）
　この「むしたち」シリーズは、かわいいイラストで虫嫌いのお母さんでも大丈夫。

⑦『いちにちのりもの』
（ふくべあきひろ作、かわしまななえ絵、PHP研究所、2011年）
　一日だけいろいろな乗り物になるというナンセンスなお話。親子でゲラゲラ笑えます。

⑧『おこだでませんように』
（くすのきしげのり作、石井聖岳絵、小学館、2008年）
　男の子の心理を代弁してくれる、親や先生にも読んでほしい絵本。

⑨『ホームランを打ったことのない君に』
（長谷川集平作・絵、理論社、2006年）
　夢を追いかける男の子に読んでほしい絵本。日本絵本賞受賞作品。

⑩『ウェン王子とトラ』
（チェン・ジャンホン作・絵、平岡敦訳、徳間書店、2007年）
　男の子をもつお母さんに読みきかせをしてほしい感動的な名作絵本。

★対象年齢の目安は、①～⑦は幼児期から、⑧は小学校低学年から、⑨、⑩は小学校中学年からとなります。

第5章

男の子のたくましさとやさしさを伸ばす

うちの子、なんだか幼いし、たよりない……
どうしたらいいのかしら?

お手伝いをさせるとしっかりした子になる

お手伝いで子どもの能力は磨かれる

責任感のあるしっかりした子にしたかったら、お手伝い（家事分担）をさせるとよいです。

昔の子どもたちは、家の手伝いをよくしました。

農家の子どもは、よく田んぼや畑仕事を手伝わされました。

ことに農繁期になると、家族総出で朝から晩まで作業を手伝うのがふつうでした。

自営業の子どもも、学校から帰ってくると家の仕事を手伝わされました。

商品の数を数えたり、運搬したり、配達をしたり、伝票の計算をしたりと、いろいろとやらされるのがふつうでした。

そして、昔の母親は、家事労働にたいへんな時間を割いていたものです。

炊事、洗濯、掃除は、家族が多い場合、ほぼ一日がかりの仕事でした。

数時間かけて風呂をわかしたり、夜なべをして裁縫をしたりしたものです。

子どもたちは、朝から晩まで立ち働いている母親に心から感謝し、その手伝いをすることで親孝行ができたのです。

そのため、**子どもには、家事の手伝いをして、自分も家族を支えているのだという感覚がありました。**

また、そのような**労働を通して、自己のさまざまな能力や人間としての徳を磨いていったのです。**


ところが、現代では、親は外に働きに行き、家にはほとんどいません。

電化製品の進歩のおかげで、ラクに家事ができるようになりました。

そのためか、現代の子どもは、家事労働をする機会が減ってきています。

子どもに家の中の仕事をさせるなんて、かわいそうだと考えている親もいます。

そのかわりに、子どもたちの多くは学習塾や習い事に追い立てられています。

そのせいか、たとえテストの点はよくても、自分のことばかり考えて、自分のことでストレスをためた子どもが増えてきているようです。

一般に、何の家事手伝いもせずに育った子どもは、単調な仕事や根気を要する学習は嫌がるようになります。

他方、小さい頃から決まったお手伝いを毎日してきた子どもは、仕事であれ、勉強であれ、ちゃらんぽらんにはしません。

責任感が育ち、忍耐力、持続力、時間の有効な使い方などさまざまな能力が育っていきます。そして、**必然的に学力も向上してくるのです。**

みんなに役立つと喜びがわいてくる

私は教師のとき、子どもたちに毎日お手伝い（家事分担）をさせるように保護者にお願いしてきました。

たとえ小さな子どもでも、できることはたくさんあります。

玄関の靴ならべ、風呂わかし、風呂掃除、食事前に食器を運ぶこと、食べたあとの食器の片付け、あるいは皿洗い、ゴミ出し、掃除、おつかいなど。

どれか一つでも、その仕事をその子に完全に任せるのです。

たまに、思いついたときに頼むのではなく、定期的に、できれば毎日できる仕事がよいと思います。

お手伝い（家事分担）ができるというのは、その子が家族みんなに貢献できる権利であり、

成長の証でもあります。

「○○ちゃんも1年生になったから、今日から家族のためにお手伝いをしてもらうよ。お風呂掃除とお風呂わかしは、忘れてしまえば、家族みんなが困るし、ちゃんとしてくれればみんな助かる大事な仕事だよ。これを○○ちゃんにお願いするよ」

男の子は頼りにされると、はりきります。

そして、手伝いをしてくれたら、「ありがとう」「助かるよ」と感謝してあげてください。感謝されると、ますますうれしくなります。

自分の仕事が、お父さんの疲れを癒し、お母さんの負担を軽くし、家族に喜んでもらえるたいせつな役割を果たしているのだと実感するようになります。

自分が家族の生活を支えていくうえで、なくてはならない存在であることに、ちょっぴりかもしれませんが、誇りをもつようにもなるのです。

＊＊＊ ハッピーヒント ＊＊＊

子どもにお手伝いをさせて、感謝する。

自然の中で遊ぶとたくましくなる

自然は男の子の最高の先生で最高の遊び相手

子どもは自然から多くのことを学んでいくことができます。
実際、私たちの祖先は自然から多くのことを学んできました。
また、自然から多くの恩恵を得てきました。
古今東西、多くの芸術家が自然への驚きや感動を自分の作品に表現してきました。
自然は、芸術家にとって創造力の源であり、偉大な先生であり続けています。
それは、子どもにとっても同じです。
子どもにとって、自然は驚異に満ちた世界で、そのすべてが教科書であり先生です。
とくに男の子は、自然の中で遊ぶのが大好きです。

自然の中にいる動物や魚、昆虫など、男の子にとっては最高の遊び相手です。

私が勤めていた学校では、毎年夏休みに小学1、2、3年生の子どもとその親で、1泊2日の親子野外レクリエーションをしています。

これは、普段子どもと接する機会の少ない父親たちが企画したもので、近くの国立少年自然の家に泊まり、親睦を深めるために、自然の中でさまざまな活動をします。

たとえば、沢歩き、オリエンテーリング、野外炊飯、夜の山道のナイトハイキング、天体観測など、いろいろな活動ができます。

沢歩きというのは、清流にそった沢をただ歩くだけなのですが、それでもたっぷりと自然にふれることができます。

清流にはときどき川魚の群れが銀色に光ったり、沢ガニが突然前をちょろちょろと横切ったりします。

どこからかチョウが飛んできたり、小鳥のさえずりが聞こえてきたりします。

ゴツゴツした岩陰に一輪の花が風にゆれているのを見つけることもあります。

こういうことのよさは、部屋の中に閉じこもっていては知ることができません。

テレビを見て頭で知ることはできても、実感することはできません。

自分の目で見て、手でさわって、自分の感性で受けとめることでしか実感できません。

「海は広いな、大きいな」という言葉を知っていても、実際に海を見たり、海に入ったりしたことがなければ、実感をともなわないのと同じです。

自然の中での体験をもっている子は、教科書の文字や絵や写真も、より鮮明なイメージと実感をともなった知識として定着させることができます。

自然は、教科書の活字だけでは味わえない本物の感動や喜びを子どもにあたえてくれます。

夜空いっぱいの星を仰ぎ見ること、山の頂きに立ってはるか遠くを見渡すこと、海の中にもぐって海中散歩すること、虫やチョウを追いかけて野山を走り回ること。

このように思い思いに自然とふれ合うことで、豊かな感性を育み、自然をたいせつにする心も養っていくことができるのです。

ぜひ、夏休みなどを利用して、親子で自然を満喫してください。

きっと親子ともにハッピーな思い出ができるでしょう。

生き物を飼うことで育まれるやさしい心

また、子どもに生き物を飼育させるのもよいことですね。

犬や猫、金魚や小鳥やカメなど、ペットの世話を子どもに任せるのです。

男の子はお母さんが嫌いな昆虫なども飼いたがるでしょうが、できれば許可してあげてください。

生き物はエサをやったり、ふんの始末や小屋や水槽の掃除をしてやったり、ちゃんと世話をしなければ、生きていけません。

犬は毎日、散歩に連れていかなければストレスをためてしまいます。

責任重大なのです。

生き物を飼うことで、子どもはしっかりしてきますし、他者のことをよく考えられるやさしい子になります。

また「今日、ワンコ（ペットの名前）がね、散歩のとき信号が赤なのを見て、自分でちゃんと止まったんだよ」などと、しぜんと家族の話題も増えてきますし、家庭内も明るくなるでしょう。

＊＊＊
ハッピーヒント
＊＊＊

自然の中での遊びや生き物を飼うチャンスをあたえる。

ガマンをすることで忍耐力や克己心が育つ

気持ちは理解しても要求どおりにしなくてよい

子どもがダダをこねたとき、多くの場合、親は、子どもをかわいいと思うあまり、その思いをそのままとおしてしまいがちです。

その結果、子どもがガマンする機会を、親自身の手で取り上げてしまっています。

これが積み重なると、わずかなことにもガマンできない、ブレーキのきかない、ワガママな子どもを育ててしまいます。

長い人生には、自分の思いがとおらないことがたくさんあります。

それならば、**子どもが将来、自分の思いがとおらない困難に出合ったときに、その状態に耐え、困難を克服していけるように鍛えていったほうがよいでしょう。**

たとえ苦労することがあっても、たくましく、人生を生き抜いてほしいのなら、そのための力と知恵をもつ子どもに育てるべきなのです。

子どもが何かを要求するとき、話を聞き、その気持ちを理解してあげるのはたいせつです。でも、理解し、受け入れてあげるのと、要求どおりにするのとは違います。

たとえば、何かをねだったら、「そう、○○がほしいのね」と、よく話を聞いてあげます。**その気持ちを受けとめてあげれば、子どもの気持ちは少し落ち着きます。**

ただ共感はしても、そのとおりにするわけではありません。

「でもお母さん、こまったな。だってね……」

買ってやれない場合、落ち着いてそのわけも説明します。

買ってやる場合でも、「じゃあ、今度来たときにしようね」と買うのを1週間くらい待たせることは、ガマンを身につけるよい機会になります。

そうすれば、子どもは自分なりに考えることができます。

おねだりした物が自分にとってどれくらい価値があり、必要なものであるかを落ち着いて判断することができるのです。

衝動的にほしがっている物だったら、1週間もすれば気持ちが変わってしまうこともあります。

本当にほしいものなら、自分のおこづかいを少しずつ貯めて、自分で買おうとするかもしれません。

そういう知恵や忍耐力は、子どもが物を要求したときに少し待たせることで育ちます。

ガマンの機会をあえてつくる

それは、美智子皇后様が皇太子浩宮様を育てるにあたり、なされていたやり方です。

浩宮様がまだ幼い頃、いろいろな物をねだられたときに、美智子様はすぐに買ってあたえることを決してなさいませんでした。

ご自分の発案で、美智子様は、浩宮様からどんなにねだられてもプレゼントは年に2回だけと決めていらっしゃいました。

その2回とは、誕生日とクリスマスです。

それ以外は、どれほどねだられても、「お誕生日まで待ちましょうね」、「クリスマスまで待ちましょうね」と言って待たせたのです。

そう言い聞かせているうちに、浩宮様がおねだりしたものを忘れてしまうという微笑ましいエピソードも数多くあったそうですが、とにかく待たせました。

そうして待ちわびてやっともらった一冊の絵本、一個のおもちゃの価値は、なにものにも代えがたいものになります。

また、もらったときには本当にうれしく、ありがたく、たいせつに扱うようにもなるのです。

美智子様のこの一貫した方針には、浩宮様にガマンのできる心と金品をたいせつにする心が育つようにとの願いが込められていたのだと思えます。

いまや日本全体が物質的に豊かになり、物がほしければすぐにでも手に入る状況に子どもたちはおかれています。

現代っ子に乏しいと言われる「忍耐力」と「生きる力」を育てるためには、ガマンをする機会がとても貴重なのです。

ガマンをする機会をあたえる。

子どもどうしのケンカは成長のきっかけになる

ケンカを通して人との付き合い方が学べる

子どものケンカは、じつにささいなことで起こります。

たとえば、給食のおかわりの順番争いで、「オレが早い」「いや、オレのほうが早い」と言い争い、ケンカになります。

オニごっこをして遊んでいるときに「タッチしたぞ、おまえがオニだ」「いや、タッチされてないぞ」と、意見が食い違うことで、ケンカになります。

「おまえ、チビだな」と言われて、「おまえ、デブだな」と言い返して、ケンカになります。

ケンカは、両者によくないところがあるから起こります。

一方が他方に何かをして、その仕返しをすることで、ケンカは成立します。

ゆえに、昔から「ケンカは両成敗」として裁かれてきました。

ケンカをするのは、もちろんほめられたことではありません。

しかし、**昔から子どもは、ケンカを通して人間関係の機微を学んできました。**

お客さんが帰るやいなや、兄弟でおみやげのまんじゅうを奪い合い、お父さんから大目玉をくらい、物を家族で分け合うたいせつさを学びました。

ケンカすることで、どんなことをすればまわりの人に迷惑をかけるのか、わかるようになり、自分勝手な行動を慎むことのよさを知りました。

ケンカになったのは、自分にも原因があったとわかり、自分の行動を改める機会にもなりました。

話をよく聞いて反省させる

しかし、この頃の子どもは、ケンカをして叱られるという機会が減ってきています。

まず、兄弟をもっている子どもが少なくなり、そもそも兄弟ゲンカをする機会が減りました。

一人っ子の子どもは、ほしいものがあれば、兄弟で争う必要もありません。

自分自身のものを兄弟で分け合ったり、自分は少しガマンをして譲ってあげたり、また譲ってくれたことに感謝したりするなどの経験に乏しいのです。

そうした兄弟ゲンカの経験に乏しい子は、友だちとケンカをしたときに、自分がイジメられたと思い込んでしまうこともあります。

「ぼくは何もしてないのに、○○くんがイジメた」と言います。

たいていは自分の都合のよいように話すのが子どもというものです。

私も教師のとき、ケンカの仲裁をしなくてはならないことがよくありました。

一方の話だけを聞いていると、相手が悪いと思ってしまいますが、もう一方の話を聞いていると、ほとんどの場合、両方に非があることがわかります。

自分は悪くないと言っている子に対しては、お互いの非をはっきりさせたうえで、いちいち教えてあげなければなりませんでした。

「あのね、君は何もしていないって言うけどね、その前に、○○くんの嫌がるあだ名を3回も言ったでしょう。そして、○○くんが叩いたら、けり返したでしょう。そういうのは、イジメじゃなくて、ケンカっていうんだよ」

すると、その子はやっと自分も悪かったことを認めて反省します。

「ぼくが悪口を言ったから、友だちを怒らせたんだな。もう言わないようにしよう」

反省できれば、謝ることもできますし、仲直りすることもできます。

そうやって子どもは成長していくのです。

ケンカはしないにこしたことはありませんが、子どものケンカは学びの場でもあり、成長の場にもなりうるのです。

とくに男の子のケンカは、カラッとしていて、ケンカしたあと、仲直りすれば、またすぐにいっしょに遊び出し、その後、尾を引くことがあまりありません。

子どもは天使のようにかわいいときもありますが、天使ではありません。

ちょっとしたワガママや勘違いなどが摩擦になって、ケンカは起こります。

ですから、ケンカをしても、そう心配することはないのです。

もしも、ケンカをしたときには、「どうしてケンカになったのかな？」と話をよく聞きましょう。

自分の言動を振り返り、反省することで、きっと成長していくことができるのです。

＊＊＊ ハッピーヒント ＊＊＊

ケンカをしたときは、あとで反省させる。

「英雄的瞬間」を戦うと心が強くなる

心は鍛えればどんどん強くなる

心を強くするにはどうすればよいでしょうか。

私が勤務していた小中学校では、毎年必ず子どもたちに「英雄的瞬間」ということを教えています。

1年間に数回、とくに長期休暇である夏休み、冬休み、春休みの前には、必ず休暇中の「モットー（努力目標）」として指導します。

先日、いまは二児の父親となった卒業生がこの「英雄的瞬間」を自分の子どもにも教えていると聞いてうれしくなりました。

「英雄的瞬間」は、子どもにとっても大人になってもできる、心を強くし、よい人生を送る秘

訣なのです。

そもそも「英雄的瞬間」とは何でしょうか。

それは何かよいことを果たすために、自己の弱さと英雄的に戦う短い時間のことです。

この時間は短ければ短いほどよいとされます。

できれば一瞬。

この瞬間に素早く英雄的に戦い、勝ちをおさめれば、意志はますます強く堅固になり、多少の困難にもめげず、自分の目標を達成できる人になります。

まずは、「朝の英雄的瞬間」。

目覚まし時計が鳴るとともに、ぐずぐずしないで、パッと寝床から跳ね起きる。それによって、この戦いに勝つことができます。

目が覚めてから数秒以内にふとんから抜け出るのを目標とします。

それを、ふとんのあたたかさが恋しい真冬でも、肉体が疲労困ぱいしている日でも続けるのです。

意志は、日ごとに強く堅固になっていきます。

その他、いますると決めていることをサッとする「英雄的瞬間」は、1日の中にいくらでもあります。

勉強や仕事を始めるとき、終えるときの英雄的瞬間。テレビや好きな遊びをやめるときの英雄的瞬間など。

「英雄的瞬間」を意識すれば、ダラダラ、グズグズになりがちな時間を有効に使えるようになります。

心が強くなり、「なすべきときに、なす」ということができるようになっていきます。

子どもが中学生、高校生になって勉強量が多くなり、かつクラブ活動などをすると、じゅうぶんな時間がなくなってきます。

でも、**常に「なすべきときに、なす」「いますぐやる！」という習慣ができていれば、時間をうまく活用して勉強もクラブも両立しやすいのです。**

「英雄的瞬間」でグズグズに打ち克つ

「英雄的瞬間」は、もちろん社会人になっても有効です。

私も、この「英雄的瞬間」を毎日、心がけています。

私はもともと朝が苦手で、何か始める前にグズグズするのが常でした。

でも、子どもたちといっしょに「朝の英雄的瞬間」をがんばることで変わってきたのです。

いまも朝5時に目覚まし時計が鳴るとすぐに起きて、1日を始めています。

すると気分もスッキリ！

その日の計画も思いどおりに進みます。

家庭でお子さんに指導する際には、

「朝、目覚まし時計が鳴ったら、10秒（テンカウント）までに起きよう」

ということだけに絞ってよいと思います。

うまく成功した日は、カレンダーに花丸をつけさせると、男の子はけっこうやる気をだします。

1週間に4回花丸がついたら、「4勝3敗の勝ち越しだね」などとほめてあげるのです。

男の子は勝ち負けにこだわりやすいので、そんなささいなことでやる気のスイッチが入り、モチベーションを持続できるようになります。

＊＊＊ハッピーヒント＊＊＊

目覚まし時計を使って起床させる。

運動や遊びを通して いっそうたくましくなる

子どもの成長には遊びが不可欠

遊びは、子どもの成長の糧です。

心の面でも、体の面でも、そして頭の発達の面でも、子どもの成長に遊びは欠かせません。

オニごっこやサッカー遊びなど、外でワイワイ友だちと遊ぶことを通して、子どもは楽しみながらいろいろなことを学んでいきます。

でも、昨今では子どもがワイワイ群れて戸外で遊ぶ時間や場所、また友だちどうしでいっしょに遊ぶこと自体が少なくなってきています。

それに兄弟の少ない子どもは、多くの子どもといっしょに遊ぶことをあまり好まない傾向があります。

文句を言われたり、自分勝手な行動でルール違反をして批判されたりすると、もうその集団から離れようとします。

その子は次第に友だちとふれ合うのを避けるようになり、部屋に閉じこもるようになってしまいます。

友だちはできず、社会性も身につかず、当然ながら運動能力も伸びません。

とくに男の子は一人でも平気な傾向があるので、だんだん孤立化していきます。

そういう子は、なおさら外で遊ばせたほうがよいと思います。

まずは、いっしょに親が遊び、遊ぶときのルールを教えてあげてください。

オニごっこはタッチされたらオニになるとか、サッカーは手を使ってはいけないとか、カンタンなルールです。

他の子どもたちも楽しく遊びたいと思っているので、ルールを守る子なら、ふつうはいっしょに遊んでくれます。

こうして、**遊びの中で社会のルールを守り、他人と協調していくことを子どもは学ぶのです。**

遊びを通して、友だちを増やし、いろいろなことを学び、ますますたくましくなっていくのです。

遊びといえども自分勝手な行動をとらないで、ルールを守ることがいかにたいせつか、約束を守り、うそをつかないことがどれだけ重要かを学びます。

どんなことをすれば友だちは怒ったり泣いたりするのか、逆にどうすればみんなと楽しく過ごせるかを知ります。

人の心を感じとる力、人と共感する力、連帯する力などがしぜんと養われていきます。

子どもは自分の将来にたいせつな勉強を、幼稚園の砂場や公園の広場で走りまわりながら、笑いころげながらしていいます。

人付き合いの機微や社会性などを体験しながら習得し、ますますたくましく成長していくのです。

体を使った遊びが男の子には必要

とくに男の子は女の子以上に、体を使った遊びが欠かせません。

女の子はおしゃべりをして友情を深めたり、あるいはストレスを発散させたりする傾向があるのに対して、男の子は言葉より体を動かして遊んだり、スポーツをしたりして友だちと仲良くなっていきます。

そういうふうに普段から外で遊んできた運動好きの子は、学校に入っても、同じように遊び、また上手にプレーできるので、友だちができやすいのです。

たとえば、昼休みのサッカーでは、上手な子が自分と同じチームにいると、そのチームの子は喜びます。

男の子の世界では、運動ができるというのは、みんなの尊敬の的です。

逆にできなければ、軽く見られてしまうのが現状です。

いっしょに遊ぶのは、お母さんでももちろんＯＫです。ただ、体を使って激しく遊ぶ場合には、体力のある男性がより適任です。できればお父さん。

いっしょに公園でサッカーボールをけったり、キャッチボールをしたりすると、子どもも喜びますし、運動能力もアップします。

教えてもらってだんだん上手になり、お父さんやお母さんをもっと好きになります。

思春期の気むずかしい時期にも、幼い頃のそんな経験があれば、会話が少なくなっても親子の絆が切れることはありません。

＊＊＊
ハッピーヒント
＊＊＊

親子でいっしょに遊んだり運動をしたりする。

男の子はしっかりした男性と接してたくましく成長する

男の子にはたくましい男性のモデルが必要

男の子を生き生きとたくましく育てるためには、自分のモデルとなるたくましい男性の存在が必要です。

家庭では、それはお父さんの役割です。そして、お父さんが子どもにとってたくましい存在であるためには、母親の愛情深い賢明な配慮が必要です。

たとえば、父親が疲れてゴロンとしているときでも、「お父さんはね、家族みんなのために一生懸命働いてくれているのよ」とそのわけを説明してやるのです。

会社勤めの場合など、子どもは父親が働いている姿を見ることができませんから、その見えない部分をお母さんがサポートしてあげるのです。

また、家庭内で重要なことを決めるときに誰が決定権をもっているかは大事です。大きな家具を買う、高価なものを子どもに買いあたえる、進学先を決める、そういうときに母親は一人で決めずに、父親に相談し、話し合い、夫婦で納得できるように決めたほうがよいのです。

子どもがおねだりをしても、「お母さんはいいと思うけれど、お父さんとも相談して決めることにしましょうね」と、きっぱり言います。

お父さんとしても、ちょっとした心がけで父親らしい役割ができるはずです。子どもと遊んだり、お風呂に入ったりして、積極的に子育てにかかわること。子育てで疲れ気味のお母さんの話をよく聞いてあげたり、感謝し、ねぎらったりすること。いろいろなことで、お母さんを精神的にもサポートすることができるでしょう。

そんな両親の姿を見て育つと、子どもの中に、やさしい母親像とともにたくましい父親像ができていきます。

その両方が男の子をたくましくやさしい人に育てていくのです。

ただ、必ずしもお父さんがいなければならないというわけではありません。

お父さんがいなくても、立派に育っている男の子はたくさんいます。

私が以前受けもった小学1年生の同じクラスにも、お父さんが家庭にいない子が四人いました。でも、この子たちは小学校、中学校とすくすくと元気に成長し、いま四人とも楽しく大学生活などを送っているようです。

何が幸いしたかというと、この子たちには、おじいちゃんが同居していたり、お父さん代わりに接してくれたりする人が身近にいたのです。

小中学校の担任、個人的に生活指導をする教師も、9年間ずっと男性でした。

このような**まわりのしっかりした大人の男性も、お母さんをサポートし、ロールモデルとなりながら、男の子によい影響をあたえていけるのです。**

男どうしはずっと裸の付き合いができる

しかし、残念なことに、この頃は、俗に「マザコン男」と言われ、いい大人になっても、母親にべったりと言いなりで、いつまでも親離れができない男性が増えています。

結婚しても、お嫁さんよりも母親の言うことを聞いてしまうため、夫婦間の不和やケンカが絶えず、離婚してしまうケースもあります。

母親にしてみれば、いつまでも私のかわいい子だという意識でいたいかもしれませんが、これでは自立した幸せな大人とは言えませんね。

こういう男性のほとんどは、過度に母親べったりで育ってきた人だそうです。

不幸な「マザコン男」に育てないためにも、やはり父親、あるいはしっかりした大人の男性の存在は大きいのです。

また、**男の子のオチンチンの扱いなど性教育についても、お父さんはもちろん、まわりのしっかりした大人の男性の出番が欠かせません。**

もともとこういう問題は、お母さんだけではわからないことが多いのは当然です。年齢に応じて、子どもが信頼する身近な男性が子どもの疑問や体の成長に応じて少しずつ教えてあげるべきです。

もちろんお母さんが知っていることを教えてあげてもよいですが、基本的には、お父さんに相談し、お父さんの考えを聞いたり、任せたりするのがよいでしょう。

父と子、男どうしであれば、お風呂に入りながらでも、ざっくばらんに話しやすくなるものです。そういう裸の付き合いを通して、親子の絆はいっそう深まります。

＊＊＊
ハッピーヒント
＊＊＊

父親やしっかりした男性とのふれ合いを増やす。

親の愛によって子どもの生きる力は育つ

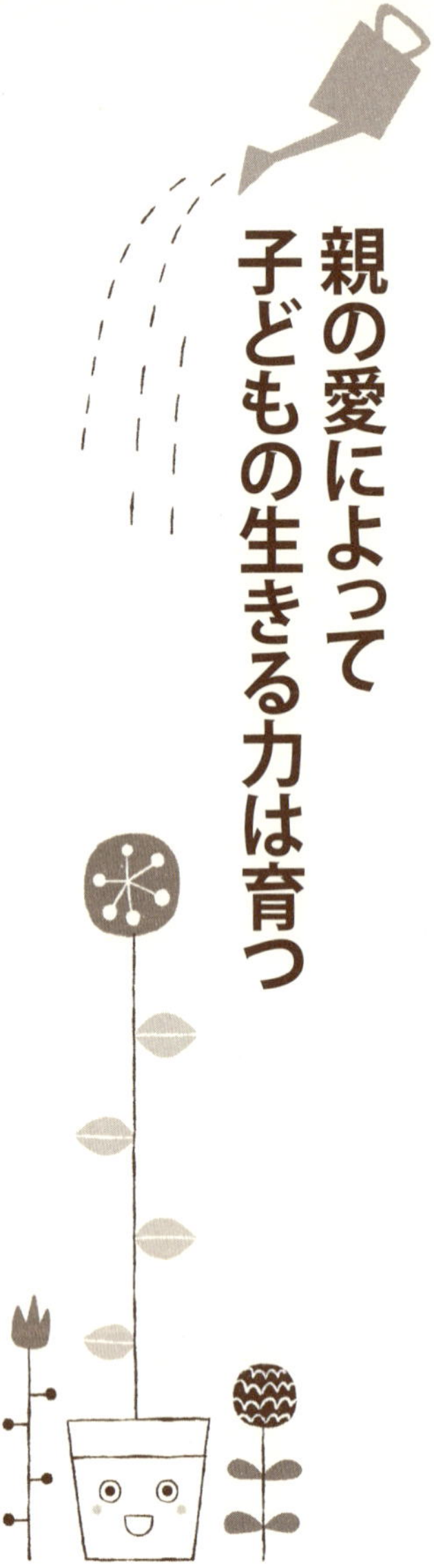

無条件の愛が子どもをたくましくやさしい人にする

生きる力の強い子どもは、たくましく、やさしく、自分自身の立つべき基盤がしっかりしています。自分の生きる力の源となる心の拠り所があります。

どんなに傷ついても、失敗しても、生きるのに疲れても、安心して自分自身をゆだねられるような自分の還るべき心の家をもっているのです。

逆に、生きる力の弱い子どもには、そのような自分自身の基盤、心の拠り所、還る場所がないか、あっても不安定なのです。

その心の基盤、拠り所、還る場所は、どのようにしてできるのでしょうか。

それは、誰かの愛によって次第に形成されていきます。

人から愛され、愛をじゅうぶんに受けることによってつくられていきます。

多くの場合、それは親からの無条件の愛によってです。

でも、親が子どもを愛していても、その愛が伝わっていない場合があります。

親がどんなに子どもを愛していても、子どものほうは愛されていると感じていないこともあるのです。

親は子どもが成長するにつれ、子どもへの愛に条件をつけることがあります。

たとえば、「今度のコンクールで頑張れば、遊園地に連れて行ってあげるよ」「成績が上がれば、おもちゃを買ってあげるよ」などと条件つきで愛するようになります。

でも、子どもは、親の期待にいつも、じゅうぶんに応えられるわけではありません。

親は子どもにいっそうの成長を望んで期待を口にするのですが、子どものほうは、「自分は親の期待にそえない」「こんな自分は愛されていない」と感じ始めます。

子どもはいつもいつも、よい子でいられるはずがありません。

子どもを「まるごと」愛する

もしも親が子どものよい部分だけを受け入れるなら、次第に子どもは親の前で「よい子」を演じるようになってしまいます。

たとえば、テストで悪い点を取ってしまったとき、ガミガミ怒られるのなら、子どもはいずれテストを見せなくなります。

たとえば、学校で何か先生に注意されるようなことをしたとき、子どもはそのことを黙って隠します。

隠していたことがばれて、叱られそうなら、ウソをついてごまかします。

子どもは親から怒られたくないですし、悲しませたくないのです。

そのため、ひたすら「よい子」を演じ続け、そして疲れてしまいます。

逆に、自分の良いところも悪いところも、まるごと受け入れられている子どもは、のびのびとして自由になれます。自分らしくいられます。

もちろん悪い行い自体は、反省し、改善させなければなりません。

でも、悪い行いをしてしまうその子を理解し、許してあげるということがたいせつなのです。理解し、許すのは、愛なくしてはできないことです。

子どもは、自分の良いところも悪いところもまるごと受け入れられることで、あたたかな愛を感じるのです。

子どもが生まれたときのことを思い出してください。その小さな命の輝きに目を見張り、うるませ、あふれるほどの愛情をもって抱きしめたのではないですか。

この子がこの世に生まれてきた、それだけでよかったでしょう。

あのとき、あなたは子どもの全存在を無条件に受け入れていました。

全部まるごと、大好きでした。

「まるごと」というのは、その子どもの長所も短所も含めて全部です。

よい子でなくても、親の期待どおりではなくても、そのすべてを受け入れるのです。

「子どもを愛するだけではじゅうぶんではない。子どもが愛されていると感じさせなければならない」

この言葉は、19世紀のイタリアで孤児や貧しい子どもたちのために生涯を教育に捧げた聖ヨハネ・ボスコの言葉です。

あなたの愛は子どもに伝わっているでしょうか。

子どもには、それを言葉や態度で示してあげましょう。

ときには、抱きしめて「大好きだよ！」「あなたは宝物だよ！」と言ってあげてくださいね。

＊＊＊ ハッピーヒント ＊＊＊

わが子に あたたかな愛を感じさせる。

Q4：メソメソしているときに、「男の子のくせに！」と言ってはいけないのでしょうか？

A：「男の子のくせに」のあとには「泣き虫」「ダメな子ね」というような言葉が隠れています。「泣くのはやめなさい」というメッセージは伝わるでしょうが、人格を否定するのはマイナス効果です。子どもがよく泣くのは、何か必ず理由があるはず。困っているとき、誰からの愛情も感じられないときなど、泣いて訴えます。まずは「どうしたの？」と尋ね、共感してあげることで、メソメソすることは少なくなっていきます（P160 ～ 163）。

Q5：ママごとや女の子遊びが好きなうちの子、だいじょうぶでしょうか？

A：だいじょうぶです。心配ありません。私も3つ上の姉に付き合わされてよくしました（笑）。結構楽しかったです（笑）。そのうちママごと遊びを卒業する時期がきます。そのときには、ぜひ本物のお母さんの家事を手伝わせてください。しっかりしてきますよ（P132 ～ 135）。

Q6：性教育はいつ頃、どのようにすればよいのでしょうか？

A：性の質問には、そのつど、恥ずかしがらずに親が答えてあげるとよいでしょう。性の知識は赤ちゃんを産むためにたいせつなものです。「赤ちゃんはどこから生まれるの？」という問いには、お母さんが答えるにしても、オチンチンに関する不可解な言動は、お父さんや信頼できる身近な男性に相談し、任せてしまったほうがよいでしょう（P159）。

Q7：落ち着かなくて勉強に身が入らないみたいです。どうしたらよいでしょうか？

A：落ち着かないのは、男の子ならよくあることです。それでも勉強ができるようになる子にはわけがあります。ぜひ第2章と第4章を参照してください（P38 ～ 69、P98 ～ 129）。

COLUMN 5

男の子の子育て mini Q & A

このページでは、わずかですが男の子を育てるお母さんたちから私自身がよく受ける質問を取り上げます。スペースの都合で言葉足らずの回答もあるかと思いますので、できれば括弧内の関連ページもご覧ください。

Q1：ついつい怒ってしまいます。悪いことをしたら、どの程度叱ればよいのですか？

A：基本的に叱る必要があるときだけ、短くきっぱりと叱ります。叱るよりもほめることを多くしたほうが叱る必要は減ります。叱る場面では、その前に、深呼吸を３回するとよいですよ。すると言い方や表情が変わり、叱る回数も減ってきます（P24 ～ 27、74 ～ 75）。

Q2：危ないことばかりして困ります。どう対応すればよいでしょうか？

A：命にかかわるようなことであれば、ぜひやめさせなければなりません。でも他の子も平気なことであったり、お父さんやまわりの信頼できる男性に相談すれば問題のないこともあったりするのではありませんか？　男の子が危ないことをするのは、冒険心やチャレンジ精神の表れです。「危ない」のレベルを少し下げてみれば、心配も少なくなるのではないでしょうか（P16 ～ 19）。

Q3：外に出ると引っ込み思案になります。どうしたらよいでしょうか？

A：会話量が多くなくても、あいさつをきちんとしたり、自分の意思を他人にも伝えられるようになったりしてほしいですね。男の子の会話力、コミュニケーション能力は、親が日常生活でちょっと心がけることで少しずつ伸びていきます（P80 ～ 95）。

おわりに――男の子はお母さんが大好き

さて、最後になりましたが、大事なことをお伝えしておきたいと思います。

お母さんの中には、子育てがうまくいかずに悩み、自分はダメな母親だと思っている人がたくさんいらっしゃいます。

とくに真面目で理想の子育てを目指す人ほど、現実と理想とのギャップに悩み、自分を責めているのです。

でも、お子さんはお母さんのことをダメだと思っているわけではないと思いますよ。

小さい子ほど、親が怒るのは自分が悪く、親のせいではないと思っています。

ですから、なんとか親の期待どおりにしようとはするのですが、すぐにはそうできない。何度も失敗する。忘れる。それが子どもというものなのですね。

とくに男の子は、そうなのです。

男の子は生意気盛りになると、親にも乱暴な口をきくものです。

でも、決して本心からお母さんを嫌いにはなりません。

やはりお母さんを慕っています。

母親べったりになって、社会的に自立できなければ論外ですが、男の子は大人になってもずっとお母さんを大好きなのです。

お母さんは自分を生んで育ててくれた人、自分と血肉を分けた人ですから。

そして、一番自分のことを思ってくれている人ですからね。

男の子は、お母さんから叱られても、突き放されても、やっぱりお母さんが大好きなのです。

ですから、お母さん、今日から自信をもって子育てをしてください。

ときには、失敗してもだいじょうぶ。

その分、子どもがしっかりすることもありますからね。

なによりもお母さんが子育てを楽しんで、にこにこ笑顔でいることが、子どもにもよいことなのです。

笑う門には福来る！

お子さんとともに親も、家族みんなで幸せな家庭を築いていただきたいなと願っています。

中井俊巳

中井俊已 Toshimi Nakai

私立小中一貫の男子校に23年間勤務後、多くの人が元気で幸せになることを願って、現在は作家・教育コンサルタントとして執筆・講演活動など幅広く活躍中。京都イクメン会発起人。著書に『子どもの「いいところ」を伸ばすほめ言葉ブック』『元気がでる魔法の口ぐせ』『マザー・テレサ愛の花束』（以上、PHP研究所）、『なぜ男女別学は子どもを伸ばすのか』（学研パブリッシング）、『学力も人間力も伸ばす子育て51のヒント』（学陽書房）など約50冊。

●メルマガや講演のお申し込みは、ホームページ http://www.t-nakai.com/ から。

男の子の“やる気”を引き出す
魔法のスイッチ

2012年7月17日　初版印刷
2012年7月24日　初版発行

著者――――――中井俊已《なかいとしみ》

デザイン――――スタジオトラミーケ（笠井亞子、納富 進、秋葉敦子）
イラスト――――榎本はいほ
発行者――――――佐久間重嘉
発行所――――――株式会社 学陽書房
東京都千代田区飯田橋1-9-3　〒102-0072
営業部　TEL03-3261-1111　FAX03-5211-3300
編集部　TEL03-3261-1112　FAX03-5211-3301
振　替　00170-4-84240

印刷・製本――――三省堂印刷

ISBN978-4-313-66061-8　C0037